Helen Schüngel-Straumann

Die Frau am Anfang

Eva und die Folgen

D1666148

Exegese in unserer Zeit

Kontextuelle Bibelinterpretation
aus lateinamerikanischer und feministischer Sicht

herausgegeben von

Wanda Deifelt (São Leopoldo / Brasilien)
Irmtraud Fischer (Bonn / Deutschland)
Erhard S. Gerstenberger (Marburg / Deutschland)
Milton Schwantes (São Bernardo do Campo / Brasilien)

Band 6

LIT

Helen Schüngel-Straumann

Die Frau am Anfang

Eva und die Folgen

LIT

1. Auflage Freiburg 1989

Die Deutsche Bibliothek – CIP-Einheitsaufnahme

Schüngel-Straumann, Helen
Die Frau am Anfang : Eva und die Folgen / Helen Schüngel-Straumann. –
3. Aufl. – Münster : LIT, 1999
  (Exegese in unserer Zeit ; 6.)
  ISBN 3-8258-3525-1

NE: GT

© LIT VERLAG Münster – Hamburg – London
Grevener Str. 179   48159 Münster   Tel. 0251–23 50 91   Fax 0251–23 19 7

Inhaltsverzeichnis

Vorwort zur 2. Auflage

Es freut mich, daß mein seit langem vergriffenes "Eva"-Buch, nach dem ich immer wieder gefragt werde, neu aufgelegt werden kann.

Am Inhalt habe ich wenig verändert, einige Texte wurden noch hinzugefügt, die Literatur auf den neuesten Stand gebracht. Die weiterführende Literatur steht am Schluß, spezielle Literatur und Aufsätze finden sich dazu in den Anmerkungen.

Die theologischen Abkürzungen richten sich nach dem Internationalen Abkürzungsverzeichnis für Theologie und Grenzgebiete, erstellt von Schwertner (2. Aufl. 1994), die Abkürzungen der biblischen Bücher und Apokryphen nach den Loccumer Richtlinien.

Besonders danke ich Herrn Kollegen Erhard Gerstenberger, der vorgeschlagen hat, dieses Buch beim LIT-Verlag neu aufzulegen. Es gibt inzwischen eine zunehmende Zahl von männlichen Kollegen, denen Sinn und Nutzen feministischer Exegese ein Anliegen ist!

Kassel/Madulain, 1. Okt. 1997

Helen Schüngel-Straumann

Vorwort zur 3. Auflage

In diesem Nachdruck wurde am Text, außer der Beseitigung einiger Druckfehler, nichts verändert. Einzig das Seitenformat wurde schmaler, so daß das Buch um rund zwanzig Seiten an Umfang gewinnt.

Kassel, 1. August 1999

3

Kein Text der Bibel oder einer anderen heiligen Schrift hat solche Wirkungen gehabt auf das, was als christliches Frauenbild bezeichnet wird, wie die drei ersten Kapitel der Bibel. Dies gilt sowohl für die Beziehung der Geschlechter, für die Aussagen über Mann und Frau und ihren jeweiligen Rang, ihre Gleichwertigkeit bzw. Unter- oder Überordnung als auch für die Stellung des Menschen (Mannes) in der Schöpfung insgesamt als Herrscher über alles Geschaffene. Die letzten Aussagen über die Stellung des Menschen in der Welt als "Krone der Schöpfung" beziehen sich zumeist auf Gen 1, diejenigen über die Beziehung der Geschlechter und ihren Rang besonders auf Gen 2 und 3. Erst in neuester Zeit wird wieder vermehrt gesehen, welcher Zündstoff gerade im Hinblick auf ein christliches Frauenbild in den ersten Kapiteln der Genesis steckt. Dies zeigt, daß aus der biblischen Tradition nicht immer das zur Geltung kam, was wirklich darin enthalten ist, sondern oft das herausgesucht wurde, was man gerade brauchte, um bestimmte Tendenzen zu unterstreichen oder eigene Interessen zu stützen. Die Bibel wurde immer *selektiv* gelesen, und es ist erstaunlich, oft sogar beschämend, was alles aus den Texten von Gen 1 - 3 heraus-, besser gesagt: hineininterpretiert wurde. Dabei sind frauenfeindliche Auslegungen in der Tradition sehr viel häufiger benutzt worden als frauenfreundliche, die es auch gibt.

Für eine sachgerechte Interpretation ist mit den älteren Texten Gen 2 und 3 zu beginnen, den Erzählungen von der Erschaffung des Menschen aus Staub der Ackererde, von der Erschaffung der Frau aus der Rippe des Menschen (Gen 2) und der sich anschließenden Erzählung vom sog. Sündenfall (Gen 3), die zusammengehören. Sie stammen vom gleichen Verfasser. Jedoch wird relativ selten die Aussage dieser Texte selbst befragt; sie wurde vielmehr vermittelt durch eine lange und überaus komplizierte Interpretationsgeschichte mit sehr unterschiedlichen Argumenten. Keine/r ist deshalb ganz vorurteilsfrei, wenn er/sie diese Erzählungen hört und liest. Deshalb möchte ich mich dem Problem sozusagen von rückwärts nähern und mit der Wirkungsgeschichte beginnen: Wo sind die eigentlichen Weichenstellungen erfolgt, die die Aussagen der Texte in eine für die Frau negative verwandelt haben? Dabei kann die Wirkungsgeschichte hier nicht lückenlos dargestellt werden - dies würde eine ganze Bibliothek füllen - , vielmehr sollen jene Epochen in der Kirchengeschichte zum Zuge kommen, die für die weitere Entwicklung *maß-*

gebend waren; dies ist die frühe Neuzeit[1], im Mittelalter besonders Thomas von Aquin und von den Kirchenvätern vor allem Augustin. Besonders dort, wo Strömungen außerchristlicher Herkunft mit christlichem Gedankengut verbunden wurden, wie dies besonders bei Thomas wie auch bei Augustin der Fall war, kamen jeweils neue Impulse in die Fragestellungen hinein, die die weitere Entwicklung beeinflußten.

Aber nicht nur in der christlichen Tradition finden sich Interpretationen von Gen 1 - 3, die Wirkungsgeschichte dieser Texte ist älter als das Christentum. Bereits das Neue Testament bringt Auslegungen der Schöpfungsgeschichte, die ihrerseits wieder auf spätantike Muster zurückverweisen. Die innerbiblische Wirkungsgeschichte muß daher in einem eigenen Abschnitt aufgearbeitet werden, um zu den Wurzeln jener Auslegungen zu kommen, an denen Frauen heute noch leiden, weil sie versuchen, eine Minderbewertung der Frau theologisch zu legitimieren.

Im zweiten Teil wird gezeigt, was die Texte von Gen 1 - 3 wirklich aussagen. Anders als eine fast zweitausendjährige Interpretation liest heute kaum jemand mehr diese Kapitel naiv-historisch. Durch die Entwicklung der modernen Exegese ist einmal die Reihenfolge der Texte verändert - Gen 2 und 3 kann nicht als Erklärung und Illustration von Gen 1 gelesen werden, wie dies in der Geschichte geschehen ist; außerdem können die Aussagen dieser Kapitel nicht mehr als historische Fakten verstanden werden, da die Gattung dieser Erzählungen unterdessen differenzierter gesehen wird.

Die Reihenfolge des Vorgehens ist dadurch gegeben, daß erst ein Berg von Mißverständnissen und Fehlinterpretationen abzubauen ist, bevor man zu den Texten selbst gelangen kann. Wie bei einer archäologischen Grabung muß Schicht für Schicht abgetragen werden, bis man - vielleicht - auf Fels stößt. Eine ernsthafte feministische Theologie muß diese mühsame Arbeit auf sich nehmen, denn die lange Interpretationsgeschichte gehört *mit* zur Auslegung des biblischen Textes. Es ist nämlich nicht so, daß die alten Argumente keine Rolle mehr spielen, auch dort nicht, wo man sich

---

[1] Für diese Epoche ist vor allem auf das auf mindestens 10 Bände geplante Werk von Elisabeth GÖSSMANN, Archiv für philosophie- und theologiegeschichtliche Frauenforschung, München 1984ff, hinzuweisen. Band 1, Das Wohlgelahrte Frauenzimmer, München 1984, bringt auf 14 Seiten eine ausgezeichnete Einführung in das Problem; Band 2, EVA - Gottes Meisterwerk, München 1985, ist besonders der Eva-Tradition gewidmet.

aufgeklärt darüber lustig macht. Weil wir *alle* in irgendeiner Weise von dieser Rezeptionsgeschichte mitgeprägt sind, möchte ich damit beginnen. Es geht darum, wie eine lange, ver-kehrte Interpretation verarbeitet, richtiggestellt und in ihren Wirkungen unschädlich gemacht werden kann, und zwar nicht nur für Frauen, sondern auch für Männer. Dabei setze ich hier nicht voraus, nun ein für allemal die "richtige" Lösung gefunden zu haben. Solche Menschheitstexte wie Gen 1 - 3 sind letztlich nicht auszuschöpfen. Das enthebt aber nicht der Mühe, auf dem Stand der heutigen Kenntnis und Anthropologie eine neue Auslegung zu versuchen.

Erster Teil:
Wirkungs- und Rezeptionsgeschichte

DIE CHRISTLICHE WIRKUNGS- UND REZEPTIONS-GESCHICHTE

Neuzeit und spätes Mittelalter

Überblick

Bis in die zeitgenössische Literatur, ja bis in die Gattung der Witzliteratur dauert eine bestimmte negative Tradition des Sprechens über Frauen an. Man denke etwa an die vielen Witze über die Erschaffung der Frau aus einer Rippe Adams. Trotz einer sehr differenzierten historisch-kritischen Exegese und der Erkenntnisse der modernen Naturwissenschaft ist in weiten Kreisen die Tradition jahrhundertealter Argumente lebendig, und es erscheint mehr als fraglich, ob sie durch entsprechende Aufklärungsarbeit überhaupt zu beseitigen sein wird. Ein Zitat aus unserem Jahrhundert soll dies belegen.

Noch 1910 wird in einer Schrift, die in Halle erschienen ist, das Thema abgehandelt, ob die Weiber Menschen sind.[2] Der Titel dieser Schrift: "Sind die Weiber Menschen? Mulieres homines non sunt" gibt gleich das Ergebnis bekannt: nein, die Frauen sind *keine* Menschen. Der Verfasser, Max Funke, ein Schopenhauerianer, führt dazu aus - und das ist der Grund, das hier zu zitieren - :

> "Verursachte nicht ein Weib den Fall Adams; verführte nicht ein Weib die Engel Barut und Marut; verleitete nicht ein Weib den frommen David zum Morde Urias; brachte nicht ein Weib den keuschen Josef in den Kerker;" usw.

Die Beispiele aus dem Alten und Neuen Testament und auch aus der apokryphen Literatur gehen weiter, und dann kommt wieder eine Anspielung auf die Paradiesgeschichte:

---

[2] Der Text ist dokumentiert in: Elisabeth GÖSSMANN, Ob die Weiber Menschen seyn, oder nicht? (Archiv für philosophie- und theologiegeschichtliche Frauenforschung, Band 4), München 1988, [2]1996.

"Und als Gott Adam und Eva aus dem Paradiese stieß, richtete er an Adam die Frage: 'Warum hast du von dem verbotenen Baume gegessen?' - Hätte Gott aber Eva als einen Menschen anerkannt, so würde er gewiß auch an sie diese Frage gerichtet haben."[3]

Alle aufgezählten Argumente - die Frau als Ursache für das Übel der Welt, die Frau als Verführerin und zuletzt die Frau als ein Wesen, das nicht als Mensch im vollen Sinne anzusprechen ist - können auf eine lange Geschichte zurückblicken. Dieses besonders krasse Beispiel aus unserem Jahrhundert, in dem exegetisch ja bereits klar war, daß man auf diese primitive Weise nicht mehr gegen die Frau argumentieren kann, ist lediglich Ausläufer einer langen Tradition.

In der Auseinandersetzung der frühen Neuzeit, wo es um die Frauengelehrsamkeit ging, vor allem um die Frage, ob Frauen zum akademischen Studium fähig und begabt seien, wurden in allen Schriften biblische Zitate verwendet. Das Alte und das Neue Testament haben häufig für die für die Frauen negativen Argumente herhalten müssen. Sogar in Zusammenhängen, die nicht oder nicht mehr theologische waren, wurden biblische Anspielungen und überkommene Argumente weiterverwendet. Oft war dies nicht einmal mehr bewußt, wurden sie doch zumeist gar nicht der Bibel selbst entnommen, sondern überlieferten Katalogen von Argumenten. Diese waren ganz in die allgemeine Bildung und Diskussion eingegangen. In theologischen, philosophischen, historischen und literarischen Zusammenhängen kommen solche Zitate vor, ja sogar in juristischen und medizinischen, wenn es beispielsweise darum ging, die Minderwertigkeit oder Schwäche des weiblichen Geschlechts zu belegen.

Neu sind hier also nicht die Argumente, die Zusammenstellungen sind nämlich uralt; neu ist hier, daß sie auch *ohne* den theologischen Kontext, in dem sie entstanden sind, weiterleben, sich sozusagen verselbständigen und ein Eigenleben führen. Zumindest seit der Französischen Revolution macht man sich oft nicht mehr die Mühe, in der Bibel selbst nachzuschlagen, sondern man zitiert die tradierten frauenfeindlichen Kataloge dort, wo man sie für die eigenen Zwecke gebrauchen kann.

---

[3] a.a.O. 24, 2. Auflage, 29f.

Besonders negative Schlüsse für die Frauen wurden gezogen aus ihrem vom Mann abgeleiteten Namen und aus dem Begriff "Hilfe". Daraus hat eine ganze tendenziöse Literatur die Unterordnung der Frau unter den Mann zu zementieren versucht.

In der sog. *'Querelle des femmes*[4] wurden von männlicher und weiblicher Seite die Argumente hin- und hergeschoben. Die Tatsache, daß die Frau *im* Paradies, der Mann aber außerhalb, der Mann aus Erde, die Frau aber aus bereits belebtem "Fleisch" geschaffen wurde, wurde in manchen Schriften auch zugunsten der Frau ausgelegt.[5] Insgesamt aber waren die männlichen Interpreten überwiegend darauf bedacht, die Zweitrangigkeit der Frau zu belegen. Mehr als aus der Erzählung von der Erschaffung der Frau geschah dies aufgrund des Textes von Gen 3: Weil die Frau als erste gesündigt hat, galt sie als die Verführerin des Mannes, ja als Verführerin schlechthin.

Auf der Frauenseite wird erstmals explizit auf diese männlichen Auslegungen der Paradies- und Sündenfallgeschichte reagiert von Christine de Pisan mit ihrer Schrift "Epistre au Dieu d'Amours" (Brief an den Gott der Liebe, 1399). Hier beginnt eigentlich die frühneuzeitliche *schriftliche* Auseinandersetzung um Gleichwertigkeit und Gleichrangigkeit der Frau nicht nur vor Gott oder in der erwarteten Endzeit (ewiges Leben), sondern hier und jetzt in der Gesellschaft und in der Kirche. Nach Christine de Pisan ist auch die Frau "nach dem Bild Gottes erschaffen, und zwar aus einer feineren Materie als der aus dem Staub geschaffene Mann. Ihre Superiorität kann sie zudem vom vornehmeren Ort ihrer Erschaffung, dem Paradies, herleiten".[6]

Rund fünfhundert Jahre dauerten die Auseinandersetzungen in dieser Frage. Sie betrafen in etwa die gesamte europäische Kulturlandschaft, wobei die romanischen Länder, insbesondere Italien, eine führende Stellung einnahmen. Folgerichtig waren manche Schriften

---

[4] Dieser Begriff hat sich eingebürgert für einen jahrhundertelangen Streit um die Frau, bei dem es vor allem um die Zulassung und Fähigkeit zum akademischen Studium ging, damit natürlich um die geistige Überlegenheit des Mannes bzw. um die Gleichwertigkeit von männlicher und weiblicher Intelligenz.

[5] In dieser positiven Tradition gab es ein Schema, das sich nach spätmittelalterlicher Manier besonders auf die *Art* der Erschaffung, den Ort, die Reihenfolge und auf das Material bezieht (locus, ordo, nomen, materia).

[6] Elisabeth GÖSSMANN, Archiv Band 1, 12 (erscheint 1998 in 2. Auflage), vgl. auch Band 6, Kap. 1.

denn auch an das europäische Männergeschlecht adressiert.[7] Nach Elisabeth Gössmann ist es "recht interessant zu sehen, daß die Einflüsse von Frauen auf Frauen bei dem nächsten großen Epochenwandel, vom Mittelalter zur Renaissance, die ja im Süden wesentlich früher beginnt als im Norden, mit wachsender Deutlichkeit hervortreten, wenn sich auch das Medium wandelt, in dem Frauen vorwiegend schreiben. Es wandelt sich von der mystischen zur mehr literarischen Schreibweise, und das hat verschiedene, zum Teil in diesem Epochenwandel selbst gelegene Ursachen, aber auch solche der größeren Restriktion gegenüber Frauen."[8]

Diese Auseinandersetzungen dürften heute abgeschlossen sein, allerdings nur in der Theorie, noch nicht in der Praxis.

Der Hexenhammer

Ein besonders krasses Zwischenglied in der frauenfeindlichen Wirkungsgeschichte soll hier vorgestellt werden: Der Hexenhammer (Malleus maleficarum). Er ist in diesem Zusammenhang bedeutend, weil hier für eine längere Folgezeit Argumente zusammengestellt werden, die ihrerseits wieder verheerende Auswirkungen haben. Denn das von den beiden Dominikanern Sprenger und Institoris zusammengestellte Material will eigentlich nichts Neues bieten, sondern stellt eine Zusammenfassung der gängigen frauenfeindlichen Argumentation dar.[9] Schon die Einführung in das Buch verweist auf dessen 'Handbuchcharakter'.[10] Gerade darum ist es besonders

---

[7] So z.B. die Schrift von Johann GORGIAS, Gestürtzter Ehren=Preiß des hochlöblichen Frauen=Zimmers, 1666, die der Verfasser in seinem "Inschriffts-Sonnet An das Hochlöblich=Europaeisch Männliche Geschlecht" richtet (dokumentiert in Elisabeth GÖSSMANN, Archiv, Band 1, 72ff).

[8] Elisabeth GÖSSMANN, Philosophie- und theologiegeschichtliche Frauenforschung. Eine Einführung, in: EVA - Verführerin oder Gottes Meisterwerk (Hohenheimer Protokolle, Band 21), Stuttgart 1987, 19-35, hier 29.

[9] Jakob SPRENGER/Heinrich INSTITORIS, Der Hexenhammer (Malleus maleficarum). Aus dem Lateinischen übertragen und eingeleitet von J.W.R. Schmidt, München 1982 (nach der ersten deutschen Übersetzung von 1906).

[10] "In der Tat zeigt sich uns der Malleus nur als der Schlußstein eines Baus, an dem viele Jahrhunderte gearbeitet haben; und mag dieses Gebäude eine Schmach für die Menschheit und für das Christentum sein, was kein anständiger Mensch bezweifelt - die Tatsache, daß der *Malleus-maleficarum* eben nur die

geeignet, die Haltung von Jahrhunderten zu verdeutlichen. Das 1487 erschienene Machwerk möchte insbesondere eine Handhabung gegen Frauen bieten, die als Hexen angezeigt werden. Auf das Problem des Hexenwahns kann hier nicht eingegangen werden, hierzu gibt es genügend Untersuchungen.[11] Daß die Frauen "fleischlicher" sind als die Männer und deshalb für die Hexerei eher geneigt, steht für die Verfasser fest. Es geht ihnen nun darum, dies aus Schrift und Tradition zu belegen. Was hier angesprochen werden soll, ist vor allem der willkürliche Umgang mit der Bibel, der in bezug auf die Aussagen über die Frau besonders deutlich ins Auge springt. So werden Zitate aus der späteren Weisheitsliteratur Israels mit einer frauenfeindlichen Auslegung von Gen 2 und 3 verbunden.[12]

Die bezeichnendsten Beispiele in dem dreiteiligen Werk finden sich im ersten Teil, besonders im § 6 über die Hexen. Bei der Beschreibung Evas zeigt sich die Vermischung der unterschied-lichsten Argumente am deutlichsten. Sie wird so eingeführt:

"Denn mögen auch die Schriften im Alten Testamente von denWeibern meist Schlechtes erzählen und zwar wegen der ersten Sünderin, nämlich Eva und ihrer Nachahmerinnen, ... Aber weil noch in den jetzigen Zeiten jene Ruchlosigkeit mehr unter den Weibern als unter den Männern sich findet, wie die Erfahrung selbst lehrt, können wir bei genauerer Prüfung der Ursache über das Vorausgeschickte hinaus sagen, daß, da sie in allen Kräften, der Seele wie des Leibes, mangelhaft sind, es kein Wunder ist, wenn sie gegen die, mit denen sie wetteifern, mehr Schandtaten geschehen lassen. Denn was den Verstand betrifft oder das Verstehen des Geistigen, scheinen sie von anderer Art zu sein als die Männer, worauf Autoritäten, ein

---

letzten Konsequenzen aus den offen zu Tage liegenden Prämissen zieht, enthält die einzig richtige und zwanglose Erklärung der Existenz jenes 'düsteren' Buches ..." (a.a.O. X und XI, aus der Vorrede von 1906).

[11] Vgl. z.B. Claudia HONEGGER (Hg.), Die Hexen der Neuzeit. Studien zur Sozialgeschichte eines kulturellen Deutungsmusters, Frankfurt a. M. 1978. Besonders hinzuweisen ist auf Herbert HAAG, Teufelsglaube, Tübingen 1974, ([2]1980), mit einem eigenen Abschnitt "Die Hexen" (440ff; Literatur!

[12] Vgl. dazu meinen Beitrag "Die Frau: (nur) Abglanz des Mannes? Zur Wirkungsgeschichte biblischer Texte im Hinblick auf das christliche Frauenbild", in: EVA - Verführerin oder Gottes Meisterwerk (Hohenheimer Protokolle, Bd. 21), Stuttgart 1987, 37-71.

Grund und verschiedene Beispiele in der Schrift hindeuten (es folgen lateinische Zitate)... und *Sprüche 11* heißt es, gleichsam das Weib beschreibend: 'Ein schönes und zuchtloses Weib ist wie ein goldner Reif in der Nase einer Sau.' Der Grund ist ein von der Natur entnommener: weil es fleischlicher gesinnt ist als der Mann, wie es aus den vielen fleischlichen Unflätereien ersichtlich ist. Diese Mängel werden auch gekennzeichnet bei der Schaffung des ersten Weibes, indem sie aus einer krummen Rippe geformt wurde, d.h. aus einer Brustrippe, die gekrümmt und gleichsam dem Mann entgegen geneigt ist. Aus diesem Mangel geht auch hervor, daß, da das Weib nur ein unvollkommenes Tier ist, es immer täuscht."[13]

In diesem Zitat wird sogar die Erschaffung der Frau aus einer Rippe des Menschen als Begründung für ihre Unterordnung gedeutet - eine wahrhaft haarsträubende Exegese. Hier ist bereits alles versammelt, was auch 200 Jahre später noch verhandelt und diskutiert wird. Als biblischer Beleg wird Spr 11,22 herangezogen:

"Ein goldener Ring im Rüssel eines Schweines:
das ist ein Weib, schön, aber sittenlos." (EÜ)

Der positive Satz, der in der Bibel einige Verse früher steht, kommt allerdings im Hexenhammer nicht vor:

"Eine liebenswerte Frau kommt zu Ehren,
Sitz der Schande ist ein Weib, das gute Sitten haßt.
Die Faulen bringen es zu nichts,
wer fleißig ist, kommt zu Reichtum." (Spr 11,16; EÜ)

Aus dem Buch der Sprüche finden sich dann noch zwei negative Zitate über die Frau, nämlich Spr 30,15f über die Unersättlichkeit des weiblichen Schoßes[14] und Spr 5,3ff über die Bitterkeit der Rede.[15]

Die meisten für die Frau negativen weisheitlichen Bibelstellen stammen jedoch aus dem Buch Jesus Sirach (hier fälschlicherweise Prediger genannt), wobei immer wieder die gleichen Stellen heran-

---

[13] Jakob SPRENGER/Heinrich INSTITORIS, Der Hexenhammer I, 98f.
[14] a.a.O. I, 106.
[15] a.a.O. I, 105.

gezogen werden, allen voran Kapitel 25, das nicht weniger als dreimal zitiert wird, sodann Sir 37, dessen Sinn verfälscht wird, um eine frauenfeindliche Stelle zu erhalten. Nur einmal wird Sirach auch positiv zitiert, nämlich 26,1ff: hier wird von der guten Frau gesprochen, dies aber einzig im Hinblick auf ihren Mann und dessen Nutzen.[16] Sir 25 wird zuerst herangezogen, um die Bosheit der Weiber zu belegen:

"Es ist kein schlimmeres Haupt über dem Zorne des Weibes. Mit einem Löwen oder Drachen zusammen zu sein wird nicht mehr frommen als zu wohnen bei einem nichtsnutzigen Weibe."[17]

Der zweite Teil des Zitats wird auf Seite 98 wiederholt als Beleg, daß Frauen leichter der Hexerei verfallen als Männer, dann V.15 nochmals als Beleg dafür, daß das Weib schlecht sei von Natur:

"Es ist kein Groll über dem Groll des Weibes."[18]

Als letzter negativer Text aus der Weisheitsliteratur wird die Stelle, das Weib sei bitterer als der Tod, angeführt:

"So ist das Weib, von dem der *Prediger 7* spricht und über das jetzt die Kirche jammert wegen der ungeheuren Menge der Hexen: 'Ich fand das Weib bitterer als den Tod; sie ist eine Schlinge des Jägers; ein Netz ist ihr Herz; Fesseln sind ihre Hände; wer Gott gefällt, wird sie fliehen; wer aber ein Sünder ist, wird von ihr gefangen werden.' Es ist bitterer als der Tod, d.h. der Teufel".[19]

Dieser letzte Text stammt aus dem Buch Kohelet, das von den Verfassern des Hexenhammers ebenfalls "Prediger" genannt wird. Die beiden Bücher werden häufig verwechselt.[20]

---

[16] a.a.O. I, 97.

[17] a.a.O. I, 96.

[18] a.a.O. I, 100.

[19] a.a.O. I, 105.

[20] Auch die Herausgeber dieser Ausgabe haben dies nicht bemerkt und obigen Text unter Sirach eingereiht. Vgl. das Register: Kohelet fehlt. - Ein Bibelstellen-

Exemplarisch kann hier der Umgang mit überlieferten Weisheits-
texten aus der Spätzeit Israels gezeigt werden (auf die Genesis-Texte
wird später ausführlich eingegangen). Einmal wird der Anfang des
Zitats weggelassen:

> "Immer wieder finde ich die Ansicht, stärker als der Tod ist die
> Frau. Denn: Sie ist ein Ring von Belagerungstürmen ..." (EÜ)

Kohelet verweist somit auf bereits Bekanntes, nämlich auf die
Sätze des Hohenliedes, in denen die Frau bzw. die Liebe als "stark
wie der Tod" bezeichnet werden (Hld 8,6). Das Wort *mar* kann
"stark", allerdings auch "bitter" heißen. Der Hexenhammer verweist
nur auf die negative Möglichkeit. Freilich hat schon Kohelet das
Wort, das ein Staunen über das Wunder der Liebe ausdrückt, ins
Negative verwandelt, in ein "typisches Wort einer Männerkultur. So
etwas zitiert man, wenn einer aus dem Kreis der Schul-, Sport- oder
Militärkameraden heiraten will, und dann lacht man darüber. Gerade
von der griechischen Jünglingskultur her konnte sich negatives Reden
über die Frau leicht ausbreiten. Schon der Elegiker Semonides hatte
die Frau als 'Fessel' bezeichnet".[21] Ein Satz, der nur in der
polemischen Auseinandersetzung einer bestimmten Zeit und für einen
bestimmten Zweck verstanden werden kann, wird hier nicht nur aus
dem Zusammenhang gerissen, sondern zusätzlich als allgemeingültig,
sozusagen das Wesen der Frau beschreibend, verwendet. Im
Anschluß an das Zitat wird dann - verschärfend - der erste Satz
wiederholt und - nochmal verschärfend - der *Tod* mit dem Teufel
gleichgesetzt. So wird etwas, das ganz anders gemeint war, nämlich
als Beschreibung des menschlichen Geschicks und des unabänder-
lichen Todes für beide, für Mann und Frau, personifiziert. Das Böse
wird - wie auch anderswo - sowohl mit der Frau als auch mit dem
Teufel gleichgesetzt.

Mit Hinweis auf die Paradiesgeschichte wird im gleichen Kapitel
eine philologische "Meisterleistung" mit dem Wort 'femina' (Frau)
verbunden.

> "Es erhellt auch bezüglich des ersten Weibes, daß sie von
> Natur geringeren Glauben haben; denn sie sagte der Schlange

---

register ist leider nicht vorhanden.

[21] Norbert LOHFINK, Kohelet (Neue Echter Bibel), Würzburg 1980, 58.

18

auf ihre Frage, warum sie nicht von jedem Baume des Paradieses äßen? 'Wir essen von jedem, nur nicht etc., damit wir nicht *etwa* sterben', wobei sie zeigt, daß sie zweifle und keinen Glauben habe an die Worte Gottes, was alles auch die Etymologie des Wortes sagt: das Wort *femina* nämlich kommt von fe und *minus* (fe = fides, Glaube, minus = weniger, also femina = die weniger Glauben hat), weil sie immer geringeren Glauben hat und bewahrt, und zwar aus ihrer natürlichen Anlage zur Leichtgläubigkeit ...".[22]

Während im allgemeinen das Wort *vir* für Mann mit virtus (Tugend, Stärke) in Verbindung gebracht wird, wird das Wort *femina* in einer äußerst negativen Weise interpretiert, die weder in der Sache noch in der Etymologie den geringsten Anhalt hat. Bezeichnend ist hier - und darum sei es angeführt - die Verbindung solcher Sprachakrobatik mit einer negativen Auslegung der Paradiesgeschichte. Dadurch werden die Auswirkungen gegen die Frau noch einmal gesteigert, was im Hexenhammer beabsichtigt ist.

---

[22] Jakob SPRENGER/Heinrich INSTITORIS, Der Hexenhammer I, 99. Die "philologische Meisterleistung" ist übrigens für den Hexenhammer fast schon ein Jahrtausend alt: sie stammt von Isidor von Sevilla (ca. 560-636).

Hochmittelalter

Thomas von Aquin (1225-1274)

Im Hochmittelalter ist vor allem Thomas zu nennen, weil er wie wenige andere die Theologie der Folgezeit bestimmt hat und besonders in der katholischen Theologie bis heute als *maß*gebende Autorität angesehen wird. Zwar hat Thomas in bezug auf die Schöpfung und Erlösung daran festgehalten, daß Mann und Frau von Gott geschaffen und von Christus erlöst wurden. Auch das Menschsein der Frau bleibt im Eschaton (im ewigen Leben) bestehen, im Gegensatz zu manchen dualistischen spätantiken Strömungen, die bei der Auferstehung für alle Menschen einen männlichen Status annehmen.[23]

Nun hat aber Thomas von Aquin, neu und faszinierend zunächst für seine Zeit, die Anthropologie des griechischen Philosophen *Aristoteles* übernommen. Damit hat er die ganze Folgezeit bestimmt. Diese Anthropologie lehrt, daß der Mann der Mensch im Vollsinn, die Frau dagegen nur ein abgeleiteter, letztlich defizitärer Mensch sei, ein "mas occasionatus". Wurzel dieser Lehre vom Menschen ist eine Auffassung von der menschlichen Geschlechtlichkeit und Zeugung, die keiner modernen biologischen Einsicht mehr standhält: das menschliche Wesen ist ganz im männlichen Samen enthalten, der Mann gibt die eigentliche *Form*, das Wesentliche am Menschsein weiter; er ist das geistige Prinzip, während die Frau nur die Brutstätte für das werdende Leben ist, sozusagen die *Materie* beisteuert. Die Frau ist somit ein defekter Mann, denn der Same des Vaters ist "auf die Hervorbringung eines ihm vollkommen ähnlichen Kindes, also eines Kindes männlichen Geschlechtes angelegt. Daß ein Mädchen erzeugt wird, ist das Ergebnis einer Schwäche der aktiven Kraft des Samens, einer Art von Indisponiertheit der Materie oder auch die Folge des Einflusses negativer äußerer Faktoren wie der schwülen Mittagswinde".[24] Diese einseitige Lehre von der Zeugung, in der alle aktive Substanz dem Männlichen zuerkannt, die Frau dagegen nur

---

[23] Dazu vgl. den Abschnitt Urzeit - Endzeit, S.141ff.

[24] Kari Elisabeth BØRRESEN, Die anthropologischen Grundlagen der Beziehung zwischen Mann und Frau in der klassischen Theologie, in: Conc (D) 12 (1976) 12.

"Ausführungsorgan" für die männliche Schöpfertätigkeit ist, beruht, wie heute allgemein bekannt, auf einer falschen Biologie.[25] Bedenkt man, daß die menschliche Eizelle erst 1827 entdeckt wurde und seither der gleiche weibliche wie männliche Anteil am werdenden Leben feststeht, kann man ermessen, wie lange auf der Grundlage einseitiger biologischer Vorstellungen argumentiert wurde.[26]

Verhängnisvoll daran ist, daß auf dieser verkehrten Biologie zahlreiche *theologische Argumente* aufgebaut wurden.[27] Nach dieser Verteilung ist der Mann zum Herrschen, die Frau zum Dienen und Gehorchen bestimmt. Wenn Thomas von Aquin die Schöpfungsgeschichte mit "aristotelischen Brillengläsern" liest,[28] läßt er auch die Gottebenbildlichkeit der Frau zurücktreten. Die principalitas (das Ursprungsein oder die Vorherrschaft) Gottes bildet sich nur im Mann, nicht in der Frau ab.

Thomas anerkennt die Gottbildlichkeit beider Geschlechter in ihrer intellektuellen Natur, aber nicht die Abbildung der principalitas Gottes in der Frau. Der Satz des Thomas, der hierfür charakteristisch ist, sei in lateinischer Fassung zitiert: "... vir est principium mulieris

---

[25] Thomas bezieht sich hier auf das Buch des Aristoteles "De Generatione animalium". Dem Mann kommt die virtus activa, der Frau die virtus passiva zu.

[26] Vgl. hierzu Otto Hermann PESCH, Thomas von Aquin. Grenze und Größe mittelalterlicher Theologie, Mainz 1988, bes. der Exkurs "Der verhinderte Mann" oder: Die nicht unproblematischen Folgen des Südwinds, 208ff. Der Verfasser, der mit großer Sympathie für Thomas schreibt, betont, daß dieser kein besonderes Interesse an der Frau habe und sie für ihn kein Thema sei. Entschuldigt ihn dies?

[27] Dies wird nunmehr auch in Lexika und theologischen Handbüchern kritisch vermerkt, vgl. z.B. Wilhelm KORFF, Frau/Mann, in: HThG I, 364f: "Ein nicht geringes zusätzliches Gewicht für die soziale Festschreibung der Dominanzstellung des Mannes kommt jedoch auch außerbiblischen Einflüssen zu, hier insbesondere der aristotelischen Zeugungslehre, nach der der Frau eine rein passive, lediglich die Ausreifung und das Wachstum der Leibesfrucht ermöglichende Funktion zufällt. Wirkursächliches Prinzip der Zeugung, das auch die substantielle Form des Leibes bestimmt, ist allein der Same des Mannes. Dabei wird die Erzeugung eines Mädchens auf die Verderbnis des Spermas zurückgeführt. Insofern stellt die Frau eine defiziente Form des Mannes dar. Ihrer biogenetischen Minderwertigkeit entspricht ihre körperliche und geistige Unterlegenheit im Verhältnis zum Mann ... Man wird es geradezu als verhängnisvoll ansehen müssen, daß diese aristotelische Lehre von Thomas von Aquin übernommen wurde und so auch in das theologische Denken Eingang fand (vgl. S.th. I 92)."

[28] Elisabeth GÖSSMANN, in: Hohenheimer Protokolle, 22.

et finis, sicut Deus est principium et finis totius creaturae" (STh I q 93 a.4 ad 1).[29] Weil die Frau auch in bezug auf ihre rationalitas (Vernunft und Verstand) minderwertig ist und moralisch weniger hochstehend als der Mann, leitet Thomas von Aquin auch daraus eine Hierarchie der Geschlechter aufgrund der Schöpfungsordnung ab: Das der Natur nach Überlegene ist dazu bestimmt, das Geringere zu leiten. Dazu sagt Thomas: "... naturaliter femina subiecto est viro, quia naturaliter in homine magis abundat discretio rationis". (Sth I, q. 92 a.1 ad 2). Elisabeth Gössmann macht darauf aufmerksam, daß man den Satz so lesen kann, die Frau sei kein Mensch, denn im zweiten Teil wird homo gleichgesetzt mit "Mann" (Mensch = Mann), eine Gleichsetzung, die von männlichen Theologen laufend gebracht wird, so daß es schwer ist, bei der jeweiligen Übersetzung festzustellen, ob nur der Mann, oder ob beide, Mann und Frau, gemeint sind. Elisabeth Gössmann übersetzt so: "Von Natur ist die Frau dem Mann untergeben, weil von Natur im Menschen (= Mann) die Unterscheidungskraft der Vernunft überwiegt".[30]

Hier findet sich somit eine Interpretation von Gen 1-3 nicht aufgrund der Texte - offenbar liegen Thomas nicht die alttestamentlichen Texte selbst vor[31], sondern er interpretiert Gen 1 auf dem Hintergrund der hierarchisierenden Überlegung des Paulus in 1 Kor 11.[32]

Auf dem Hintergrund einer solchen "Anthropologie der Schwäche" für die Frau ist es dann nur folgerichtig, wenn auch der sog. Sündenfall so interpretiert wird, daß die Frau als die Schwächere von der Schlange angegangen wird: Die Schlange als das Bild für die

---

[29] Der Mann ist der Anfang/das Prinzip der Frau und ihr Ziel, so wie Gott das Prinzip/der Anfang und das Ziel jeder Kreatur ist.

[30] Elisabeth GÖSSMANN, Frauentraditionen im Christentum in ihrer Relevanz für heutige feministische Theologie und ihrer kirchlichen Einschätzung, in: Jahrbuch der Europäischen Gesellschaft für theologische Forschung von Frauen (ESWTR) 5 (1997), Mainz/Kampen 1997, 72-95, hier 87. Zu allen diesen Theorien von Über- und Unterordnung sowohl bei Thomas als auch bei Augustinus vgl. das Werk von Kari Elisabeth BØRRESEN, Subordination et Equivalence. Nature et Rôle de la Femme d'après Augustin et Thomas d'Aquin, Oslo 1968.

[31] Thomas las Gen 1-3 in der lateinischen Übersetzung der Vulgata; er selbst konnte kein Hebräisch. Einer der wenigen Theologen im 12. Jh., die die biblische Sprache des Alten Testaments gelernt hatten, war Adam von St. Viktor.

[32] s. dazu unten S. 36ff.

sensualitas (Sinnlichkeit) wendet sich an die Frau, die ratio inferior (die niedrigere Vernunft), damit diese den Mann, die ratio superior (die höhere Vernunft) dazu bringt, der Sünde zuzustimmen. "Also hat die 'Frau' im Menschen nach dieser psychologisch-allegorischen Denkweise die entscheidende Mittlerfunktion beim Zustandekommen einer schweren Schuld, und das Bild von der Frau als einer gefährlichen Verführerin, der keinerlei Verantwortlichkeit im sozialen Leben zuzutrauen ist, kann sich verfestigen."[33]

Eine wichtige theologische Unterscheidung war im ganzen Mittelalter die Lehre vom sogenannten *Urstand*. Nur ganz wenige Theologen bezeugen, daß in diesem Urstand Mann und Frau gleich sind, so z.B. Adam von St. Viktor und Rupert von Deutz; die meisten nehmen an, daß die Frau bereits im Urstand, also *vor* jeder Sünde, dem Mann untergeordnet war.[34] Nach dem Sündenfall kam es dann zu einer Verschärfung, zu der Ordnung, die noch andauert, daß nämlich der Mann zur Herrschaft, die Frau zur Unterordnung bestimmt sei. Diese Lehre wird einmal schärfer, dann wieder etwas milder ausgedrückt, grundsätzlich ist sie aber in allen wichtigen Schriften zur Stellung der Frau in der Schöpfungs- und Erlösungsordnung zu finden.

So ergibt sich auch bei Thomas eine doppelte Überlegenheit des Mannes: einmal eine schöpfungsmäßige für den Urstand, die auch ohne die Sünde vorhanden wäre; dann eine zweite, sozusagen als Verschärfung, durch die Sünde. "Aus dieser zweifachen Unterordnung der Frau ist es zu erklären, daß alle ihre Beziehungen zum Leben der überfamiliären Gesellschaft durch den Mann vermittelt sind."[35] Aus diesem status subiectionis (Stand der Untergeordnetheit) ergibt sich für Thomas auch die Konsequenz der Amtsunfähigkeit der Frau. Dies soll hier nur angedeutet werden wegen der Folgen: Während die Anthropologie des Thomas sich als unhaltbar erweist - sie wird heute von Männern wie von Frauen kritisiert[36] - , wird von den Konsequenzen, die daraus abgeleitet

---

[33] Elisabeth GÖSSMANN, Anthropologie und soziale Stellung der Frau nach Summen und Sentenzenkommentaren des 13. Jahrhunderts, in: Miscellanea Mediaevalia 12/1, Berlin 1979, 281-297, hier 293.

[34] Vgl. dazu Elisabeth GÖSSMANN, Art. Eva in: Lexikon des Mittelalters, Band 4/1, München 1987, 124-126; im gleichen Lexikon auch ihren Artikel 'Frau' (im lateinischen Westen), 852f.

[35] Elisabeth GÖSSMANN in dem in Anm. 33 zitierten Beitrag, 294.

wurden, auch heute noch nicht abgegangen[37]; vielmehr werden dafür neue Argumente gesucht. Dies zeigt, daß das androzentrische Anliegen, dem Mann die erste Rolle zuzuweisen, bleibt, die Argumentationen aber wechseln. Wie tief diese männlichen Ängste offensichtlich sind, zeigen vor allem jene dualistischen und leibfeindlichen Texte, aus denen die frauenfeindlichen Argumente letztlich stammen.[38]

Andere Stimmen

Da es im Rahmen dieser kurzen Bemerkungen nicht möglich ist, die verschiedenen Richtungen in der mittelalterlichen Theologie darzustellen, sei nur mit wenigen Sätzen wenigstens auf die *Tatsache* dieser anderen Stimmen hingewiesen. Denn Thomas, so wichtig er für die Folgezeit war, besaß kein theologisches Monopol.

---

[36] a.a.O., Anm. 1-3 (Literatur). Vgl. auch Herlinde PISSAREK-HUDELIST (Hg.), Die Frau in der Sicht der Anthropologie und Theologie, Düsseldorf 1989; darin ihr eigener Beitrag "Das Bild der Frau im Wandel der Theologiegeschichte", 19-39, besonders die S. 23, Anm. 5 zitierte Frauenliteratur!

[37] Dies zeigt sich besonders kraß in den Auseinandersetzungen um das Priestertum der Frau, wie sie im Werk von Ida RAMING, Der Ausschluß der Frau vom priesterlichen Amt. Gottgewollte Tradition oder Diskriminierung?, Köln/Wien 1973, nachzulesen sind. Die Quellen des Kirchenrechts, auf denen im wesentlichen die restriktiven Bestimmungen über die Amtsunfähigkeit der Frau beruhen, sind nach heutiger unbestrittener Forschung z.T. Fälschungen aus dem Ende des 1. Jahrtausends. Aber die mittelalterlichen Theologen hielten sie für echt (so z.B. Gratian in seinem decretum um 1140, also vor Thomas!) und wurden auch von dieser Seite her beeinflußt. Ein besonders frauenfeindlicher - irrtümlich Augustinus zugeschriebener - Satz: "Die Frau muß ihr Haupt verhüllen, weil sie nicht Bild Gottes ist" wurde als *Rechts*grundsatz verstanden und bildete eine der Grundlagen für den Ausschluß der Frau vom Amt. Diese und andere heute als unecht erkannten Texte können nicht mehr herangezogen werden, aber das Anliegen, die Amtsunfähigkeit, ja -unmöglichkeit der Frau zu begründen, bleibt in manchen Anstrengungen weiter bestehen. So besonders abschreckend - sogar unter Verteidigung der biologischen Grundlagen des Aristoteles! - Manfred HAUKE, Die Problematik um das Frauenpriestertum vor dem Hintergrund der Schöpfungs- und Erlösungsordnung, Paderborn 1982 (²1986!). Zur neuesten Auseinandersetzung vgl. den Beitrag von Elisabeth GÖSSMANN in dem in Anm. 30 zitierten Jahrbuch der ESWTR.

[38] S. u. S. 46ff.

24

So gab es andere theologische Schulen, insbesondere die der Franziskaner. Elisabeth Gössmann findet es bemerkenswert, "daß die franziskanische *Summa Halensis*[39] der aristotelischen Lehre von der Frau als mas occasionatus mit weit mehr Distanz gegenübersteht als Thomas."[40] Hier wird sogar ausdrücklich gesagt, Aristoteles sei (als heidnischer Philosoph) für Aussagen über den Schöpfungszustand des Menschen nicht zuständig.[41] Vor allem aber gab es eigene Frauenstimmen, die frauenfreundlichere Interpretationen der Schöpfung und der Texte von Gen 1-3 enthielten. Besonders genannt seien hier Hildegard von Bingen und Mechthild von Magdeburg. Ihre Schriften werden nunmehr neu von Frauen untersucht.[42] "Die Rehabilitierung des weiblichen Geschlechts wird häufig, wie besonders deutlich bei Hildegard von Bingen, am Bild der eben aus der Schöpfergüte Gottes als letztes Geschöpf hervorgegangenen Eva deutlich gemacht. Gegenüber der männlichen Sicht der Eva als Verführerin des Mannes und Zerstörerin seiner Unsterblichkeit, wie sie oft genannt wird, sehen die Frauen sie mehr als die von der Schlange Getäuschte, und auch die in der Schultheologie recht kontrastive Eva-Maria-Typologie erscheint den Frauen eher als Kontinuität einer Mutter-Tochter-Reihe, die sich im Kampf gegen das Böse verbindet, indem Maria der Schlange den Kopf zertritt."[43]

Daß sich trotz vieler Gegenstimmen und frauenfreundlicheren Traditionen die Auffassungen des Thomas faktisch durchgesetzt haben und auch heute noch stark wirksam sind - es darf ja nicht nur von der deutschsprachigen Theologie ausgegangen werden - , zeugt von einer großen Tragik: Warum eigentlich hat sich immer wieder die *herr*schende Theologie als besonders sperrig für die Frauen erwiesen?

---

[39] Alexander von Hales (1185-1245); sein bekanntester Schüler ist Bonaventura (1217/18-1274).

[40] s.o. Anm. 33, 291.

[41] Vgl. dazu bes. das Kapitel "Der Mensch als Mann und Frau", in: Elisabeth GÖSSMANN, Metaphysik und Heilsgeschichte. Eine theologische Untersuchung der Summa Halensis, München 1964, 215-229.

[42] Vgl. dazu besonders die zwei Sammelbände mit zahlreichen Beiträgen über Mystikerinnen: Margot SCHMIDT und Dieter R. BAUER (Hg.), "Eine Höhe, über die nichts geht". Spezielle Glaubenserfahrung in der Frauenmystik?, Stuttgart 1986 (Mystik in Geschichte und Gegenwart I/4); Peter DINZELBACHER und Dieter R. BAUER (Hg.), Frauenmystik im Mittelalter, Ostfildern b. Stuttgart 1985.

[43] Elisabeth GÖSSMANN, in: Hohenheimer Protokolle 28.

Väterzeit

Augustinus (354-430)

Augustinus, der wie kein anderer Theologe aus dem ersten Jahrtausend die Kirchen- und Theologiegeschichte beeinflußt hat, lebte aus anderen philosophischen Wurzeln als Thomas von Aquin. Ohne diese philosophischen Voraussetzungen sind auch Augustins Interpretationen der Bibel nicht zu verstehen. Denn er ist ein großer Ausleger biblischer Texte, vor allem der Genesis, und darum ebenfalls für die Folgezeit bestimmend geworden. Nun geht er aber an die biblischen Schöpfungstexte, die noch nicht vom griechisch-hellenistischen Denken geprägt sind, mit einem dualistischen Menschenbild heran, dessen Grundsatz die Aufteilung des Menschen in Leib und Seele ist. Augustinus kommt aus der neuplatonischen Richtung der spätantiken Philosophie, dabei ist seine persönliche Entwicklung zu berücksichtigen: er ist nämlich über den Manichäismus, einer äußerst leibfeindlichen Variante spätantiker Weltanschauung, zum Christentum konvertiert. Diese leibfeindliche Prägung, die auch seinen persönlichen Lebensweg bestimmte, hat Augustinus in seinen theologischen Auffassungen nie ganz verlassen.

Besonders in zwei Punkten wirkt sich diese Philosophie bezüglich der Schöpfungstexte aus: bei der Frage nach der Gottebenbildlichkeit der Frau und bei der Über- oder Unterordnung bzw. dem Zweck der Erschaffung der Frau.[44] Erschwerend kommt hier hinzu, daß im Lateinischen der Begriff homo sowohl "Mann" als auch "Mensch" bedeutet, was bekanntlich in den romanischen Sprachen bis heute der Fall ist und die Stellung der Frau - auch sprachlich - sofort als die abgeleitete, die zweite Position erscheinen läßt. Weil nach Augustinus die Seele des Menschen geschlechtslos ist, ist auf dieser "oberen" Ebene die Gottebenbildlichkeit für Mann und Frau gleich. Der Satz von Gen 1,27 wird so verstanden, daß er sich nur auf die Seele bezieht. Erst in Gen 2, wo für Augustin auch die Ebene der Geschlechtlichkeit angesprochen ist, kommt es dann zu der Unterschiedenheit von Mann und Frau und damit zu einer anderen Bewertung. Weil die Gottebenbildlichkeit dort angesiedelt ist, "ubi

---

[44] Vgl. die oben (Anm. 30) angegebene Untersuchung von Kari Elisabeth BØRRESEN; weiter den Sammelband von Herlinde PISSAREK-HUDELIST.

sexus nullus est" - wo es kein Geschlecht gibt - (De Trinitate XII,7), ist somit die untergeordnete Stellung der Frau dort zu suchen, wo sie als Geschlechtswesen zu sehen ist.[45] Dies wirkt sich besonders in der augustinischen Auffassung von der Zweckbestimmung der Frau aus: als Hilfe bei der Fortpflanzung ist die Frau unentbehrlich, und das ist letztlich für Augustinus der eigentliche Daseinszweck der Frau. So interpretiert er den Vers Gen 2,18 ausschließlich auf die Hilfe beim Gebären und bei der Aufzucht von Kindern. Für alle anderen Dinge - Freundschaft, Gespräch, Unterstützung bei der Arbeit - wäre ein Mann für den Mann die bessere Hilfe (De genesi ad litteram XI,5).[46] Aus Gen 2 wird dann auch eine hierarchische Ordnung abgeleitet, daß der Mann über der Frau steht wie die Seele über dem Leib, wie das höhere Prinzip über dem niedrigeren - auch dies ein Produkt der spätantiken neuplatonischen Philosophie. Während die Frau - ausgenommen ist die jungfräuliche Frau, die durchaus einen "männlichen" Status gewinnen kann - auf ihre sexuelle Befindlichkeit beschränkt wird, ist dies beim Mann nicht der Fall, auch dann nicht, wenn er nicht zölibatär lebt. Die Identifizierung der Frau (des Weiblichen) mit dem - niedrigeren - sexus ist hier bereits vollzogen.[47]

---

[45] Die Reserve Augustins gegen das Geschlechtliche überhaupt wirkt sich auch dahingehend aus, daß die ersten Menschen erst *nach* dem Sündenfall sexuell verkehren. Im "Paradies" hätte es danach keine Geschlechtslust gegeben. Dies wird dann bei Thomas anders gesehen: danach wäre die Lust des Mannes (!) im Urstand sogar größer gewesen als nach dem Sündenfall.
Vgl. jetzt auch Karin SUGANO, Augustinus und die Frauen in den Confessiones, in: Theologie zwischen Zeiten und Kontinenten. Für Elisabeth Gössmann (Hg. Theodor SCHNEIDER/Helen SCHÜNGEL-STRAUMANN), Freiburg 1993, 46-63.

[46] Auch Herlinde PISSAREK-HUDELIST (s. Anm. 36) wählt Paulus, Augustin und Thomas als entscheidende Weichensteller in der Theologiegeschichte aus und stellt die Frage, ob "ihre negative oder mindestens ambivalente Einstellung zu so zentralen Lebensbereichen wie Leiblichkeit, Sexualität, Ehe und damit zu Frauen nicht ihre *ganze* Theologie beschädigt, versehrt" habe (a.a.O. 28).

[47] Die Wirkung Augustins besonders auf die katholische Schöpfungstheologie ist auch zusammengestellt bei Oswald LORETZ, Schöpfung und Mythos (SBS 32), Stuttgart 1968, 20ff; hier auch bereits Hinweise auf die Auswirkungen für die Frau. Wichtig ist auch der Überblick bei Klaus THRAEDE, Ärger mit der Freiheit. Die Bedeutung von Frauen in Theorie und Praxis der alten Kirche, in: Gerta SCHARFFENORTH/Klaus THRAEDE (Hg.): "Freunde in Christus werden ...". Die Beziehungen von Mann und Frau als Frage an Theologie und Kirche (Kennzeichen 1), Gelnhausen/Berlin 1977, 31-182, der mit der Besprechung von Augustinus schließt.

Noch eine andere Weichenstellung geht auf Augustinus zurück, sie hat mit der Auslegung von Gen 2 und 3 zu tun: Von ihm wurde jene Lehre von der Erbsünde ausgebildet, die über tausend Jahre bestimmend blieb; dabei hat er die Rollen zwischen den Geschlechtern genau aufgeteilt. Die Erbsünde ist für Augustinus die Sünde Adams - hier folgt er den typologischen Aussagen des Paulus, der Adam und Christus gegenüberstellt. Diese Sünde wird durch Zeugung weitergegeben. So kommt es zu dem Dilemma, daß letztlich nur der Mann Wesentliches bewirken kann, der Mann gibt die Erbsünde weiter, daß aber doch die *Schuld* für diese Sünde der Frau angelastet wird.[48] Träger der Erbsünde ist der Mann, genauer noch der männliche Same, die Frau aber ist die Verführerin dazu, also die Hauptschuldige, denn durch sie ist die Begehrlichkeit in die Welt gekommen.

Andere Stimmen

Es geht hier nicht darum, eine Sammlung von Aussprüchen der Kirchenväter zusammenzustellen, die an den verschiedensten Orten immer wieder zitiert werden, um die negativen Aussagen über die Frau zu belegen. Vielmehr sollen die Linien aufgezeigt werden, die jeweils für die Folgezeit bestimmend sind, und auf die Wurzeln hingewiesen werden, aus denen die frauenfeindlichen Argumente stammen. Häufig sind diese in den entsprechenden populär-philosophischen Auffassungen über die Frau und/oder in den lebensgeschichtlichen Zusammenhängen bestimmter Männer/Theologen zu suchen. Besonders häufig wird Tertullian zitiert (um 200), der in einer Schrift über Putzsucht die Frau "als Tor zur Hölle" (ianua diaboli) bezeichnet und ihr vorwirft, daß ihretwegen sogar der Sohn Gottes sterben mußte.[49]

---

[48] Adam hat eigentlich nur aus Loyalität gegenüber Eva gesündigt, es handelt sich um so etwas wie ein "Kavaliersdelikt". Eva aber als die Schwächere bringt das *Haupt* der Menschheit zu Fall. Augustinus kommt es darauf an, den Ursprung der Menschheit einheitlich aus einem Mann zu sichern. Vgl. dazu Kari Elisabeth BØRRESEN (s.o. Anm. 30) bes. 29f, 57ff.

[49] "*Du* bist es, die dem Teufel Eingang verschafft hat, *du* hast das Siegel jenes Baumes gebrochen, *du* hast zuerst das göttliche Gesetz im Stich gelassen, *du* bist es auch, die denjenigen betört hat, dem der Teufel nicht zu nahen

Dieser bekannte Kirchenvater, der fast immer als großer Frauenfeind herangezogen wird, ist ausführlich in seinem Kontext bei Susanne Heine dargestellt.[50]

Aufschlußreicher als solche misogynen Zitate[51], die aus einem verbreiteten spätantiken apokryphen Literaturstrom schöpfen können, wären Stimmen von Frauen, die sich selbst gegen solche einseitigen Auslegungen überkommener biblischer Texte zur Wehr setzen. Da es den Frauen verboten war, selbst zu schreiben - das Schleiergebot aus dem NT wurde so verstanden, daß sich Frauen dazu "verschleiern", d.h. nur unter einem männlichen Namen schreiben durften - , ist von diesen Frauenschriften leider nur wenig erhalten. Trotzdem hat es sie gegeben, und eine engagierte theologische Frauenforschung ist dabei, solche Spuren zu sichern und weiter zu verfolgen. Diese Frauenstimmen sind im ersten Jahrtausend besonders in den Schriften von Kirchenvätern als Zitate oder Anspielungen erhalten, weiter auch in Briefwechseln, die diese mit großen Frauen ihrer Zeit geführt hatten.[52] Aus den Antworten ist manches zu rekonstruieren, da die Briefe der Frauen selbst fast regelmäßig verloren sind. Anders als im Mittelalter, wo die Schriften berühmter Frauen *direkt* erhalten sind (Hildegard von Bingen und viele andere), ist es in altchristlicher Zeit bezüglich der Quellen schwieriger.

---

vermochte. So leicht hast *du* den Mann, das Ebenbild Gottes, zu Boden geworfen. Wegen deiner Schuld, d.h. um des Todes willen, mußte auch der Sohn Gottes sterben" (de Cult. Fem. 1.1., zitiert aus der Bibliothek der Kirchenväter, Bd. 1, München 1912, 177).

[50] Frauen der frühen Christenheit. Zur historischen Kritik einer feministischen Theologie, Göttingen 1986 ([2]1987), 35-40.

[51] Hinzuweisen ist in diesem Zusammenhang auf den Beitrag von Klaus THRAEDE, Frau, in: RAC 8, 1972, 197-269. Diese unersetzliche Zusammenstellung von Texten über Frauen, besonders auch im Kontext des antiken Griechenlands und Roms, bringt 254ff ausdrücklich auch die frauenfeindlichen Stellungnahmen mit genauen Belegen bei den Kirchenvätern u.a. Eine Steigerung frauenfeindlicher Texte stellt der Verfasser im 3. und besonders im 4. Jh. fest.

[52] Hieronymus (340/50 - 420) hat z.B. über ein Drittel seiner Briefe an Frauen gerichtet! *Seine* Briefe sind erhalten, die der Frauen galten dagegen nicht als "überlieferungswürdig".

In dieser Frauentradition vgl. Elisabeth MOLTMANN-WENDEL, Margot SCHMIDT, Kari Elisabeth BØRRESEN, Ruth ALBRECHT, Iris MÜLLER, Ida RAMING, den Art. Theologin, in: WFTh 396-421, den umfangreichsten Artikel des Wörterbuches!

Aus den Einwänden, die Frauen gegen eine sie belastende Genesis-Auslegung immer wieder erhoben haben, läßt sich besonders deutlich ersehen, daß diese zu keiner Zeit widerspruchslos hingenommen wurde. Wie hätte die Theologiegeschichte aussehen können, wenn biblische Texte zu gleichen Teilen und durch alle Epochen hindurch von Männern *und* Frauen ausgelegt worden wären! So wehrt sich z.b. die Märtyrin Julitta (überliefert beim Kirchenvater Basilius im 4. Jahrhundert), daß sie (die Frauen) nicht schwächer seien als die Männer, denn sie seien "aus demselben Stoff wie die Männer. Nach dem Bilde Gottes sind wir geschaffen, wie sie. Für die Tugend empfänglich ist das weibliche Geschlecht vom Schöpfer geschaffen, wie das männliche. Sind wir also nicht in allem den Männern verwandt? Nicht Fleisch ward von ihm genommen zur Erschaffung der Frau, sondern Bein von seinem Bein. Deshalb schulden wir dem Herrn genauso wie die Männer Standhaftigkeit, Starkmut und Geduld."[53]

Auch der Bischof von Mailand, Ambrosius (Vorgänger und Zeitgenosse von Augustinus), lehnt Auffassungen ab, die offenbar aus der Erschaffung der Frau *im* Paradies ein Privileg für die Frauen ableiten. In seinem Traktat über das Paradies schiebt er solche Auslegungen einfach weg mit den Worten: "Sollen doch die anderen sehen, was sie für richtig halten. Mir scheint dennoch, daß von der Frau das Laster und die Lüge in der Welt ausgegangen sind" (PL 14, 320).[54] Aus solchen und vielen ähnlichen hingeworfenen Bemerkungen läßt sich erschließen, daß die Tradition der Auslegung von Gen 1-3 zu keiner Zeit ausschließlich frauenfeindlich war. Was sich jedoch durchgesetzt hat und bestimmend wurde, waren immer wieder jene Strömungen, die in den Genesistexten die Frau als zweitrangig und dem Mann unterlegen sahen. Positive Impulse gingen nur unterschwellig weiter und bilden sozusagen einen Gegenstrom zu der androzentrischen Auslegungsgeschichte.

---

[53] Zitiert bei Haye VAN DER MEER, Priestertum der Frau? (QD 42), Freiburg 1969, 77.

[54] Zitiert und kommentiert von Elisabeth GÖSSMANN, in: Hohenheimer Protokolle 27.

DIE INNERBIBLISCHE WIRKUNGS- UND REZEPTIONSGESCHICHTE

Neutestamentliche Texte, die sich auf die Auslegung von Genesis 1-3 beziehen

Das Neue Testament übernimmt die biblischen Überlieferungen und legt sie teilweise neu aus. Denn für die neutestamentlichen Schriftsteller gibt es nur *eine* Bibel - diese ist unser Altes Testament. Eine eigene neutestamentliche Bibel wird erst in der Folgezeit entstehen.

In der Überlieferung Jesu haben wir keinen Rückgriff auf eine negative Frauentradition, im Gegenteil: überall, wo Jesus mit Frauen umgeht und mit ihnen redet, kommt eine überaus freie, positive Haltung zum Ausdruck. Jesus hat offenbar nichts von der frauenfeindlichen Herablassung übernommen, die zu seiner Zeit - vor allem von religiösen und gebildeten Männern - Frauen gegenüber häufig üblich war. Ein einziges Wort Jesu bezieht sich auf die Schöpfungstexte von Gen 1 und 2: Mk 10,2-9 beruft sich Jesus auf den "Anfang", um die Frau vor einem Scheidebrief, der einseitigen Entlassung durch den Mann, in Schutz zu nehmen. Gegen das "Gebot des Mose" und die zeitgenössische Auslegung verweist Jesus auf eine ursprüngliche Ordnung und schränkt damit die *männliche* Willkür ein. Die Texte, in denen negative Traditionen gehäuft vorkommen, sind neutestamentliche Briefe, insbesondere diejenigen der zweiten und dritten Generation. Aber auch Paulus selbst, wiewohl es übertrieben ist, ihn allein für die Frauenfeindlichkeit in der frühen Kirche verantwortlich zu machen, hat antike Auslegungen übernommen, z.T. in *neue* theologische Zusammenhänge und Beweisgänge eingebaut.

31

Besonders deutlich kommt eine negative Interpretation der Kapitel Gen 2 und 3 in manchen Pastoralbriefen zum Ausdruck, die um 100 n. Chr. oder noch später entstanden sind, also mehr als 30 Jahre nach dem Tod des Paulus.[55] Diese Texte gehören zum sog. Corpus Paulinum und werden deswegen von vielen als echte Paulusbriefe gelesen. Als Beispiel sei hier das bekannte Stück 1 Tim 2,8-15 ausgelegt. Hier stellt der späte Verfasser die Frauen als zweiterschaffen, aber als einzig verführt vor.[56]

8 Ich will, dass an jedem Ort ...
9 die Frauen in schmucker Kleidung (beten),
   mit Schamhaftigkeit und Besonnenheit sich schmücken,
   nicht mit Haargeflechten, Gold, Perlen und aufwendigem Gewand,
10 sondern mit guten Werken,
   wie es sich für Frauen ziemt, die sich zur Frömmigkeit bekennen.
11 Die Frau lerne in Stille in voller Unterordnung!
12 Zu lehren aber erlaube ich der Frau nicht,
   auch nicht dem Mann gegenüber sich durchzusetzen,
   vielmehr (soll sie) in der Stille sein!
13 DENN Adam wurde als erster gebildet, daraufhin Eva.
14 Und Adam wurde nicht verführt,
   die Frau aber wurde völlig verführt und kam in die Übertretung.
15 Gerettet aber wird sie durch Kindergebären,
   falls sie in Glauben und Liebe und Heiligung bleiben mit Besonnenheit.

---

[55] Vgl. dazu neuerdings Otto KNOCH, 1. und 2. Timotheusbrief. Titusbrief (Neue Echter Bibel), Würzburg 1988, besonders 13.

[56] Zur Auslegung neutestamentlicher Texte auf dem Hintergrund antiker Vorstellungen unter besonderer Berücksichtigung der hier gestellten Frauenthematik kann zurückgegriffen werden auf Max KÜCHLER, Schweigen, Schmuck und Schleier. Drei neutestamentliche Vorschriften zur Verdrängung der Frauen auf dem Hintergrund einer frauenfeindlichen Exegese des Alten Testaments im antiken Judentum (NTOA 1), Fribourg/Göttingen 1986, dem auch die folgende Übersetzung entnommen ist. Vgl. auch Luise SCHOTTROFF, Lydias ungeduldige Schwestern, Gütersloh 1994, 104ff.

Die Frau ist somit erstklassig in der Sündenordnung, aber zweitklassig in der Schöpfungsordnung. Aus der literarischen Abfolge der Erschaffung von Mann und Frau wird eine zeitliche; dies entspricht noch dem antiken Textverständnis. Nun aber wird aus dieser zeitlichen Reihenfolge eine *Wertung*. Dies geht sicher gegen das Kerygma des ursprünglichen Textes. Für die Verführungsaussage wird eine Auswahl aus Gen 3 getroffen, die nicht nur dem Text nicht entspricht, sondern ihm sogar widerspricht. Der Ausdruck "verführen" wird in Gen 3 nur von der Schlange gebraucht, nicht von der Frau. Daß, wie 1 Tim 2,14 sagt, *nur* die Frau in die Übertretung kam, widerspricht klar dem Genesis-Text, aber auch jenem Strang der theologischen Tradition, die von der "Sünde Adams" spricht. In V. 15 wird dann weiter durch die Folge "Gerettet wird sie durch Kindergebären" an eine sexuelle Art der Ursünde gedacht, die durch Gebären gebüßt wird. Nach dem Talionsprinzip muß die Strafe der Art der Sünde entsprechen. Gedacht ist somit bei dem sorgfältigen Aufbau der Perikope an eine geschlechtliche Verfehlung Evas mit der Schlange. Zu diesem Punkt gibt es eine große Zahl von apokryphen Texten, die das Vergehen Evas *explizit* als sexuellen Verkehr mit der Schlange beschreiben (*nahaš* ist im Hebräischen männlich). Einige Apokryphen haben sogar als "Frucht" dieses Verkehrs die Geburt des Kain.[57] Es braucht wohl nicht gesagt zu werden, daß eine solche Auslegung in krassem Widerspruch steht zu Lehre und Leben Jesu, aber auch zu Kernaussagen des echten Paulus: Frauen werden (wie Männer) gerettet durch *Glauben* und nicht durch Fruchtbarkeitsleistungen!

Der Verfasser des 1. Timotheus-Briefes greift somit auf außerbiblische antike Quellen zurück, um die Schuld der Frau zu vergrößern und ihre Stellung in der Kirche zu vermindern. Offenbar wurden am Ende des 1. Jh. gerne Texte aus einer leibfeindlichen antiken Tradition mit herangezogen, um die Frauen, die in den Anfängen des Christentums eine überragende Rolle gespielt hatten, in die von den Männern gewünschten Rollen zurückzudrängen, besonders auch in die Rolle der Mutter, wie V. 15 betont.[58] Otto Knoch bestätigt, daß "eine gewisse antiweibliche Grundeinstellung

---

[57] Belege bei KÜCHLER 36ff.

[58] Vgl. dazu Susanne HEINE, Selig durch Kindergebären (1 Tim 2,15)? Die verschwundenen Frauen der frühen Christenheit, in: Marie-Theres WACKER (Hg.), Theologie feministisch. Disziplinen, Schwerpunkte, Richtungen, Düsseldorf 1988, 59-79.

dieser pastoralen Anweisungen... deutlich hinter dem zurückbleibt, was das AT, Jesus und Paulus über die Gleichwertigkeit von Mann und Frau vor Gott sagen."[59] Daß solche Aussagen zeitbedingt sind, weiß heute jeder Kommentar. Auch wird die Frage gestellt, ob es vielleicht darum gehe, bestimmte Irrlehrer zurückzuweisen. All dies ändert nichts an der Tatsache, daß dieser Text fast zweitausend Jahre Wirkungsgeschichte hervorgebracht hat und daß er heute noch in Predigt und Liturgie - oft genug im Namen des Paulus - verwendet wird, um die Frauen in den von Männern bestimmten Schranken zu halten.

Gerade mit diesem Text die neutestamentliche Rezeptionsgeschichte zu beginnen, ist angebracht, "weil sein unverblümter Haß auf Frauenbefreiung als Teil des christlichen Kanons eine deutlichere Herausforderung darstellt als die Haustafeln von Epheser, Kolosser und 1. Petrus, deren Formulierungen mehr Ansatzpunkte zur Entschuldigung bieten".[60] Luise Schottroff vergleicht dann die Aussagen dieses späten Briefes mit entsprechenden Stellen aus römischen Schriftstellern, was darauf hinweist, daß an der Wende vom 1. zum 2. Jahrhundert ein Anpassungsprozeß an römische Strukturen stattfindet; um im Römerreich an Ansehen zu gewinnen, wird die gleiche Art von Unterordnung der Frauen unter die Männer gepredigt, wie sie dort propagiert wird.

Ein ähnliches Verbot wie in 1 Tim 2 ist später in den 1. Korinther-Brief des Paulus eingeschoben worden, wahrscheinlich mit gleicher Zielsetzung. 1 Kor 14, 33b-36[61] ist die Unterordnung der Frau besonders kraß ausgesprochen. Dazu wird Gen 3,16 herangezogen, ein Satz aus den sog. Strafsprüchen. Auf dem Hintergrund einer frühjüdisch-antiken Tradition wird hier aus einer ätiologischen Aussage (die nach dem Grund und der Ursache von etwas fragt) plötzlich ein *Gebot*, was eine äußerst drastische Ver-kehrung der ursprünglichen Aussage ist. Daß dieses Stück nicht von Paulus stammt, ist kaum mehr umstritten.[62] Trotzdem werden diese bekannten mulier-taceat-Verse ("Die Frau hat in der Gemeinde/

---

[59] KNOCH a.a.O. 27.

[60] Luise SCHOTTROFF a.a.O. 114.

[61] So KNOCH, a.a.O. 26, ebenso Hans-Josef KLAUCK, 1. Korintherbrief (Neue Echter Bibel), Würzburg 1984, 104ff.

[62] Die Stelle ist um 100 entstanden, so KLAUCK 105f; KNOCH 26 u.a. HEINE 69 will sogar bis 135 n.Chr. gehen.

Kirche zu schweigen") auch heute noch sehr oft gegen die Frau zitiert als Beleg, daß in Kirche und Theologie den Männern das "Sagen" zukommt.

Solche Aussagen stechen ganz erheblich ab von denen des echten Paulus, für den es selbstverständlich war, daß Frauen in Gottesdiensten auftraten, laut beteten und prophetisch redeten. Für Paulus selbst wären somit diese Sätze ein klarer Widerspruch zu seiner eigenen Haltung gewesen. Die weitere Entwicklung hat aber versucht, sich wieder dem gesellschaftlichen Milieu anzupassen, denn "daß die Frau ins Haus gehört und in der Öffentlichkeit nicht auftreten soll, ist ein Standardthema der Ausführungen über die Ehe bei antiken Autoren".[63] Für beide zitierten Texte gilt: "Eine frühe Aufbruchsphase, wo wir Frauen in vielerlei Funktionen antreffen, wurde im Verlauf der Entwicklung allmählich abgedrängt und durch sozial konservierende Modelle ersetzt."[64]

"Diese beiden Weisungen bzw. die von ihnen vertretenen Traditionen sind kirchenrechtlich und kirchengeschichtlich folgenreicher gewesen als alle neutestamentlichen Aussagen über das 'Amt', wenigstens, wenn man die letzteren nach ihrem Literarsinn bewertet."[65] Da diese Arbeit nicht speziell auf das Amt eingeht, sei dies nur angemerkt.

Ein dritter Text aus der gleichen Spätzeit sei noch erwähnt, weil er ebenso wie 1 Tim 2,8-15 die Unterordnung der Frau unter den Mann fordert: 1 Petr 3,1-6. Diese Briefstelle ist vielleicht sogar von 1 Tim 2,8-15 abhängig mit der gleichen Aussage in bezug auf den Schmuck der Frau: "Der *wahre* Schmuck der Frau ist ihre Unterordnung."[66] Anders als die beiden ersten Stellen bezieht sich 1 Petr jedoch nicht auf die Schöpfungstexte, sondern auf das alttestamentliche Kapitel von Gen 18 (Abraham und Sara).

Gemeinsam ist allen diesen Stellen, daß sie in der Schrift Argumente für eine Unterordnung der Frau suchen, daß aber jeweils

---

[63] KLAUCK a.a.O. 106.

[64] KLAUCK a.a.O. 106. Vgl. zur gesamten Problematik auch Gerhard DAUTZENBERG, Zur Stellung der Frauen in den paulinischen Gemeinden, in: Gerhard DAUTZENBERG/Helmut MERKLEIN/Karlheinz MÜLLER (Hg.), Die Frau im Urchristentum (QD 95), Freiburg 1983, 182-224, hier besonders 193ff. Der Sammelband stellt den Stand gegenwärtiger männlicher/katholischer Interpretation zur Thematik dar.

[65] DAUTZENBERG a.a.O. 195.

[66] KÜCHLER a.a.O. 66.

Zitate ohne ihren Kontext gebraucht werden und gegen ihre ursprüngliche Intention. "Die Kraft des Arguments kommt somit nicht aus dem biblischen Grundtext, sondern aus der Art der Exegese, mit welcher der Grundtext angegangen und gedeutet wird. Im Rekurs auf die primäre Intention des Grundtextes kann deshalb die argumentenbauende Exegese des neutestamentlichen Autors kritisiert und die daraus entstandene kirchliche Praxis hinterfragt werden."[67] Auf die hier angesprochene "primäre" Intention komme ich im zweiten Teil zu sprechen.[68]

Echte Paulusaussagen

1 Kor 11,3-16 ist der ausführlichste Text des Paulus[69] in bezug auf die Frauen und mit einer Vielzahl von Argumentationsketten ausgestattet wie wenige Texte der neutestamentlichen Briefliteratur. Er soll darum exemplarisch für die Haltung des Paulus aufgeführt werden, zumal hier beide Schöpfungstraditionen, die älteren von Gen 2 und 3 wie auch die jüngere von Gen 1, eine Rolle spielen und sich in ihrer Auslegungstradition gegenseitig unterstützen bzw. verstärken.

---

[67] KÜCHLER a.a.O. 72.

[68] Da es mir um die Texte geht, die Gen 1-3 explizit auslegen, kann hier Vollständigkeit in bezug auf die neutestamentlichen Aussagen über die Frau nicht angestrebt werden. Wichtig im Zusammenhang wäre noch Eph 5 gewesen - zumal er auch heute noch in fast allen Trauungsliturgien verwendet wird - , der Text argumentiert jedoch mit anderen Bildern und bringt lediglich Anspielungen auf Gen 2,23f.
Auch Kol 3,18f ist eine dieser Stellen, die die Unterordnung der Frau unter den Mann fordern, ohne explizit auf Gen 1-3 zu rekurrieren. Für Elisabeth SCHÜSSLER FIORENZA ist dies der früheste Text, an dem der patriarchalische Einbruch im NT greifbar wird, er enthält erstmals eine sog. Haustafel. - Ihr großes Standardwerk zu all unseren neutestamentlichen Fragestellungen: In Memory of Her, New York 1983, ist seit 1988 auch in deutscher Übersetzung greifbar: Zu ihrem Gedächtnis ... Eine feministisch-theologische Rekonstruktion der christlichen Ursprünge, Mainz 1988; zu Kol 3,18f besonders 305ff.

[69] Es gibt allerdings auch Stimmen, die diesen Text dem echten Paulus absprechen; vgl. dazu KÜCHLER a.a.O. 73f, Anm. 1, und die dort zitierte, überwiegend englischsprachige Literatur.

3 Ich will, dass ihr wisst:
   a Jedes Mannes Haupt ist Christus,
   b das Haupt der Frau ist der Mann,
   c das Haupt Christi aber ist Gott.

4 Jeder Mann, betend oder prophezeiend mit einer
   Kopfbedeckung,
   beschämt seinen Kopf.

5 a Jede Frau, betend oder prophezeiend mit unbedecktem Kopf,
      beschämt ihren Kopf.
   b DENN: Ein und dasselbe (ist sie dann) wie eine Rasierte.

6 a DENN: Wenn eine Frau sich nicht verhüllt,
   b dann schere sie sich (doch gleich)!
   c Wenn es aber schändlich ist für eine Frau,
      geschoren oder rasiert zu werden,
   d dann verhülle sie sich (doch)!

7 b DENN: Der Mann ist Gleichbild und Abbild Gottes,
   a (und ist deshalb nicht verpflichtet, seinen Kopf zu
      bedecken.)
   c Die Frau aber ist Abbild des Mannes.

8 a DENN: Nicht ist der Mann aus der Frau,
   b sondern die Frau aus dem Mann.

9 a Nicht ist der Mann wegen der Frau geschaffen,
   b sondern die Frau wegen des Mannes.

10 a DESHALB: Die Frau ist verpflichtet,
    b eine ἐξουσία (Macht, Schleier, Hülle) auf dem Kopf zu
       tragen,
    c wegen der Engel.

11 INDES: 'In Christus' ist
    a weder die Frau anders (7) als der Mann
    b noch der Mann anders als die Frau. (=Gal 3,27f)

12 a DENN: wie die Frau aus dem Mann (= 8b)
    b so ist der Mann durch/wegen der Frau (= 9a),

c alles aber aus Gott.[70]

Zuerst ist grundsätzlich zu sagen, daß Paulus hier in seiner Argumentation sehr schwankt. Einerseits will er zum Ausdruck bringen, daß "in Christus" die Verschiedenheit von Mann und Frau aufgehoben ist, sie beide die gleiche Würde besitzen. Andererseits will er in der Praxis durchaus eine Unterordnung der Frau durchsetzen. "Die Reihe 'Gott - Christus - Mann - Frau' drückt Über- und Unterordnung durch den Begriff des Hauptes (11,3) aus. Wenn die Frau in dieser Reihe die letzte Position einnimmt, zeigt sich daran, daß die Reihe in ihrer gegenwärtigen Gestalt vor allem das Verhältnis von Mann und Frau im Sinne der Überordnung des Mannes begründen und sichern soll."[71]

Unter der Rücksicht der Christusherrschaft ("im Herrn") sind die Unterschiede aufgehoben, wie Paulus in Gal 3,28 grundsätzlich erklärt hat:

> Es gibt nicht mehr Juden und Griechen,
> nicht Sklaven und Freie,
> nicht Mann und Frau;
> denn ihr alle seid *einer* in Christus Jesus.

Wie auch bei anderen Themen (Beschneidung, Öffnung für die Heiden usw.) ist Paulus von der Grundsätzlichkeit des *Neuen* im Christusgeschehen überzeugt. Andererseits ist er aber in den ihm überkommenen patriarchalischen Denkschemata gefangen. So ist es ihm "nicht gelungen ..., eine einheitliche theologische Konzeption zum Thema der Gleichwertigkeit von Mann und Frau zu entwerfen und durchzuhalten".[72]

Daß Frauen öffentlich im Gottesdienst beten und prophezeien, ist für Paulus hier selbstverständlich. Daß er aber die Frauen trotzdem

---

[70] Übersetzung nach KÜCHLER a.a.O. 75.

[71] DAUTZENBERG a.a.O. 211; anders SCHÜSSLER FIORENZA a.a.O. 281ff. Die Linie kann aber auch nicht-hierarchisch als Nebeneinander interpretiert werden: Gott   Mann
                  Christus   Frau
Wie Christus Gott gleich ist, so die Frau dem Mann. In dieser Auslegungstradition macht dann Hildegard von Bingen eine Frau-Christus-Parallele (Hinweis von Elisabeth GÖSSMANN).

[72] DAUTZENBERG a.a.O. 213.

auf den zweiten Platz verweisen will, ist ebenso deutlich. Woher nimmt er seine Argumente - anders gefragt: Sind seine Auslegungen der alttestamentlichen Bibel, wo er auf diese rekurriert, sachlich gerechtfertigt? Wie steht es mit der Exegese des Paulus?

Das Argument mit dem Schleier bzw. dem unverhüllten Haupt bezieht sich eindeutig auf jüdische Bräuche. Es galt als schimpflich für eine (verheiratete) Frau, sich mit offenem Haar bzw. auch geschoren der Öffentlichkeit zu zeigen (anders war dies wohl bei hellenistischen Frauen). Paulus bemüht sich also um eine Tradition, die aus seinem eigenen Volk kommt.[73] Aber er muß noch tiefere Gründe haben, sonst würde er hier nicht soviele Zeilen verschwenden, um die Notwendigkeit eines bloßen Modebrauchs zu begründen. Eindeutig leitet er aus der Zweiterschaffung der Frau - wie später der 1. Timotheusbrief - eine Zweitrangigkeit ab (V. 8f) sowie eine Verwiesenheit der Frau auf den Mann, stärker als umgekehrt. Besonders schwierig ist V. 10, weil nicht klar ist, warum die Frauen "wegen der Engel" etwas auf dem Kopf tragen sollen.[74] Damit steht Paulus in einer spätjüdischen antiken Auslegungstradition des Textes von Gen 6,1-4, der Erzählung von der mythischen Verbindung der Göttersöhne mit den Menschentöchtern.

Der Text in der Übersetzung von Westermann lautet:[75]

"1 Und es geschah, als die Menschen auf der Erdoberfläche sich zu mehren begannen und ihnen Töchter geboren wurden,

2 da sahen die Göttersöhne, wie schön die Menschentöchter waren. Und sie nahmen sich von ihnen allen zu Frauen, an welchen sie Gefallen fanden.

3 Und Jahwe sagte: Nicht soll mein Geist für immer in den Menschen bleiben, da sie doch Fleisch sind. Ihre Lebenszeit

---

[73] Zu verweisen ist hier auf Dtn 22,5: "Eine Frau soll nicht die Ausrüstung eines Mannes tragen, und ein Mann soll kein Frauenkleid anziehen, denn jeder, der das tut, ist dem Herrn, deinem Gott, ein Greuel."(EÜ) An der Kleidung zeigt sich die Geschlechterdifferenz, und diese darf nicht verwischt werden! Dies hat auch eine lange *christliche* Tradition: einer der schwersten Vorwürfe, die Jeanne d'Arc in ihrem Prozeß gemacht wurden, war immer wieder der, daß sie sich in *Männer*kleidern bewegt hatte!

[74] Vgl. zu diesem umstrittenen Begriff den Exkurs von Gerd THEIßEN zu 1 Kor 11,3-16: "Die Hülle auf dem Kopf der Frau", in: ders., Psychologische Aspekte paulinischer Theologie, Göttingen 1983, 161-180.

[75] WESTERMANN, Genesis 41.

39

soll 120 Jahre betragen.

4 Die Riesen waren in jenen Tagen im Land und auch danach, als die Göttersöhne zu den Menschentöchtern kamen und sie ihnen (Kinder) gebaren; das sind die Helden, berühmte Männer, die es vor alters gab."

Die Göttersöhne der Genesis-Geschichte werden in der Spätzeit zu Engeln. Für diese ist es eine Gefährdung, wenn sie "von oben" auf die schönen Haare der Frauen blicken müssen. So hat der Schleier auch die Funktion, die Überirdischen vor den gefährlichen Übergriffen der schönen Erdenfrauen zu schützen! Denn anders als der Text von Gen 6, wo alle Aktivität von den männlichen Himmelswesen ausging, hat die Spätzeit die Aktivität auf die irdischen Frauen verlagert, so daß nun diese es sind, von denen die Verführung ausgeht. In dieser Auslegungstradition, von der es viele schriftliche Belege gibt,[76] steht Paulus, wenn er den Frauen so dringend das Schleiertragen empfiehlt. Die Frau, weil letztlich doch Verführerin, hat sich zurückzunehmen und darum bescheiden den zweiten Platz einzunehmen.

Theologisch bedeutungsvoller, aber auch bestimmender für die Folgezeit, ist in 1 Kor 11 das Argument aus Gen 1, aus dem Bericht der Erschaffung des Menschen als Bild Gottes (Gen 1,27). Als gesichert kann gelten, daß Paulus nicht den hebräischen Urtext aus der Genesis vor Augen hatte, sondern die griechische Übersetzung der Septuaginta, die er, wie alle seine Zeitgenossen, benutzte, wenn er alttestamentliche Zitate gebrauchte. Mit der Übersetzung der hebräischen Bibel in die griechische Sprache haben sich aber Verschiebungen ergeben, denn jede Übersetzung ist ja auch eine Übertragung in ein neues Denk- und Lebensgefühl und in neue und andere Wertsysteme. So werden Strömungen des antiken hellenistischen "Zeitgeistes" fast automatisch mit übernommen. Ein erstes Hindernis für ein sachgemäßes Verständnis des Textes von Gen 1 ist, daß man den Begriff 'adam, wie ihn der Urtext verwendet, nicht mehr in der kollektiven Bedeutung "Mensch/Menschheit" nimmt, wie er im Hebräischen gemeint ist. Die frühjüdische Interpretation, in der Paulus steht, liest nämlich nun in Gen 1 'adam schon als Eigennamen, und zwar aufgrund der älteren Texte von Gen 2 und 3. Weil man dort in dieser Zeit Adam und Eva bereits als Individuen sieht, was eine Fehlinterpretation ist, wird nun 'adam in Gen 1 auch zu einem

---

[76] Vgl. KÜCHLER a.a.O. 108ff.

Individuum und damit natürlich unter der Hand zu einem *Mann*.[77] In der griechischen Übersetzung wird 'adam dort, wo es nicht als Eigenname steht, mit ἄνθρωπος übersetzt. Dies heißt zwar auch "Mensch" und schließt eigentlich die Frau ein. Aber nach populär hellenistisch-philosophischer Anschauung ist ein ἄνθρωπος im vollen Sinne eigentlich nur der Mann. Auf diese subtile Weise wird das, was in Gen 1 von Mann und Frau in gleicher Weise ausgesagt wird, sehr häufig auf den Mann allein bezogen. Auf diesem Hintergrund kommt es nun dazu, daß ein Teil der rabbinisch-jüdischen Auslegungen die Aussagen über die Gottbildlichkeit als nur für den Mann gegeben ansieht. *Bild* wird allein auf den Mann bezogen. εἰκών im Vollsinn ist nur der Mensch im Vollsinn, und das ist der Mann.

Daß es jüdische Auslegungen gibt, die der Frau die Gotteben-bildlichkeit ganz absprechen, andere, die sie abschwächen, und wieder einen Teil, der sie ihr zugesteht, wird zumeist anhand der Differenz zwischen Singular und Plural im Urtext von Gen 1,27 diskutiert:

a Und es erschuf *élohim* den Menschen/die Menschheit (*'adam*) als sein Bild:
b als Bild *'elohims* erschuf er *ihn*,
c männlich und weiblich erschuf er *sie*.

Dieser Wechsel, der im Hebräischen aus dem Kollektiv hier einmal in dem singularen Begriff *'adam* und dann aus der Entfaltung "männlich und weiblich" logisch folgt, wird nun zu*un*gunsten der Frau ausgelegt. Daneben gibt es auch eine starke Tradition in dieser frühjüdischen Auslegung, die die ersten Menschen androgyn

---

[77] Auch der in manchen Punkten ausgezeichnete Artikel *Adam* in: TRE I (1977) 414-437 von Otto BETZ steht leider noch in dieser Tradition und faßt Adam als Eigennamen auf. "Wie einst Adam nach Gen 2,7 den Lebensodem gleichsam von Angesicht zu Angesicht empfing, so erhält der männliche Christ die im Evangelium enthaltene Herrlichkeit unvermittelt, spiegelt sie auf offenem Gesicht (II Kor 3,18) und darf deshalb sein Haupt nicht verhüllen (I Kor 11,7). Wie Eva, die aus Adam gebildet wurde, ist die christliche Frau die δόξα ἀνδρός (Herrlichkeit, Glanz des Mannes) (ebd.); ihre Vollmacht, Glied der gottesdienstlichen Gemeinde Christi zu sein, wird durch den lehrenden Mann vermittelt (I Kor 14,35; vgl. 11,10). Zum Zeichen dafür trägt sie mit Rücksicht auf die pneumatischen, unsichtbar anwesenden und allwissenden Engel den Schleier (I Kor 11,10)." 419.

geschaffen sieht, wobei aber der Vorrang des Mannes immer bestehen bleibt (d.h. der Mann hat immer das vordere Gesicht, und vor allem: die Frau ist in diesen Deutungen gottebenbildlich nur zusammen mit dem Mann, der Mann aber auch für sich allein!).[78]

Wesentlich für die philosophische Ausgestaltung und Weiterentwicklung solcher Gedanken war zweifellos der jüdische Philosoph *Philo von Alexandrien* (ca. 15 v. Chr. - 45 n.Chr.), der die Aussagen von Gen 1,26f mit dem *logos* verbunden hat. Dies hatte weitreichende Konsequenzen, vor allem auf die weitere philosophische Durchdringung des neutestamentlichen Gedankengutes. Ob direkte Einflüsse auf das Neue Testament nachgewiesen werden können, ist nicht entscheidend; wichtig ist die Zusammenfassung des traditionellen Gedankengutes und dessen Einbau in ein philosophisches System mit griechischer Begrifflichkeit. In diesen Traditionen einschließlich der griechischen Uminterpretationen befindet sich Paulus, wenn er frühjüdische Auslegungen aufnimmt. Die neutestamentliche Auslegung ist also auch selbst wieder selektiv. Besonders verhängnisvoll ist bei dieser Stelle 1 Kor 11 die Vermischung der Auslegungstradition von Gen 2 und 3 einerseits mit jener Exegese von Gen 1,26 f, die die Frau benachteiligt.[79] Auf diese Weise wirken sich frauenfeindliche Züge der spätjüdisch-hellenistischen Tradition doppelt und dreifach gegen die Frau aus. In der absteigenden Hierarchie von 1 Kor 11 ist nur noch das oberste Glied, nämlich der Mann, Bild Gottes im Vollsinn. Gott ist das Urbild, Christus das eigentliche Abbild. Dieser wiederum ist das Haupt des Mannes, der Mann aber ist das Haupt der Frau. Es kommt somit zu einer Aussage, die dem Urtext von Gen 1 nicht mehr entspricht:

---

[78] Zu diesem Problemkreis gibt es die Arbeit von Jacob JERVELL, Imago Dei. Gen 1,26f im Spätjudentum, in der Gnosis und in den paulinischen Briefen, Göttingen 1960, und die Dissertation von John Berndt SCHALLER, Gen. 1.2 im antiken Judentum, Göttingen 1961; hier sind 187-190 alle neutestamentlichen Stellen zusammengestellt, die Anspielungen und Auslegungen von Gen 1 und 2 bringen.

[79] "I Kor 11,7-9 wird die Gottebenbildlichkeit von Gen 1,26f; 5,1 erwähnt und unter dem Eindruck von Gen 2,7.18.22 auf den Mann eingeschränkt, aus dem und für den die Frau geschaffen wurde. Es wird ein *ordo* konstatiert, der eine absteigende Vermittlung der mit der εἰκών (Bild) verbundenen δόξα (Herrlichkeit, Glanz) ermöglicht: Gott ist das Haupt des ihn abbildenden Christus (11,3) und dieser das Haupt des Mannes, der seinerseits das Haupt der Frau ist; (...) dabei begründet die zeitliche Priorität (reʾšît) die vorrangige Position (roʾš)." BETZ (TRE) a.a.O. 419.

Paulus sagt etwas anderes als der hebräische Urtext.[80]

Ob sich Paulus hier nur "vergaloppiert" hat, wie Susanne Heine sagt,[81] sei dahingestellt. Möglich wäre es. Für sie wird Paulus mitten in seine frühere rabbinische Existenz hineingetrieben. Er korrigiert sich und macht eine Zäsur: Aber! So spricht nun der Christ Paulus: "Im Herrn ist weder die Frau ohne den Mann noch der Mann ohne die Frau. Denn wie die Frau aus dem Mann ist, so ist auch der Mann durch die Frau. Alles aber ist aus Gott" (V. 11 und 12). "Im Herrn" läßt sich die rabbinische Exegese nicht halten, und so negiert Paulus alle bisherigen theologischen Ausführungen, die das Tragen eines Schleiers begründen sollen. Er hätte sich dann also selbst korrigiert. Das gilt aber nicht für seine Interpreten! Die Wirkungsgeschichte gerade dieser Stelle ist jedenfalls enorm. Durch das ganze Mittelalter hindurch wurde die Gottebenbildlichkeit der Frau diskutiert, sie wurde ihr ganz oder teilweise abgesprochen u.ä. Diese Diskussionen konnten im ersten Teil wegen ihrer Fülle und Kompliziertheit nicht dargestellt werden, sie bedürfen auch noch weiterer Einzeluntersuchungen. 1 Kor 11 hat aber das christliche Frauenbild maßgeblich bestimmt und ist bis heute noch nicht ganz aus manchen Köpfen verschwunden.[82]

Viele Stellen, an denen Paulus seiner jüdisch-rabbinischen Tradition verhaftet ist, können heute als zeitbedingt relativiert werden. Paulus war ein Mann seiner Zeit mit einer Ausbildung als Rabbi - dafür ist er letztlich nicht verantwortlich zu machen und darf nicht einseitig von unseren heutigen Erkenntnissen her verurteilt werden.

Entscheidend für die christliche Tradition, wie sie sich dann weiterentwickelt, ist aber vor allem seine Typologie. Mit dieser Weise der Schriftauslegung wird etwas aus dem Alten Testament als Zeichen für etwas Neues genommen. Die beiden werden in Beziehung gesetzt, meist liegt dabei eine Steigerung vor, d.h. das zweite überbietet das erste. Durch Paulus ist nun eine Weichenstellung dahingehend erfolgt, daß er antike Genesis-Auslegungen mit seiner Christologie verbunden hat. Von ihm stammt

---

[80] Siehe dazu unten S. 126ff.

[81] Frauen der frühen Christenheit 108.

[82] Vgl. dazu den Art. Gottebenbildlichkeit, in: WFT 173-181, bes. den theologie-geschichtlichen Teil von Elisabeth GÖSSMANN.

die typologische Entgegensetzung Adam - Christus,[83] erster Mensch und vollendeter Mensch (Röm 5; vgl. schon 1 Kor 15,21f.45-49). Diese typologische Sicht muß, wenn sie Christus als Person, als Menschen sieht, auch Adam als einen Einzelmenschen sehen. Da Christus ein Mann ist, entspricht ihm Adam als Mann. Die Frau fällt aus diesem Vergleich einfach automatisch heraus, ohne daß dies zunächst auffällt. Wenn Adam das Grundmodell ist, kann Eva nur zweitrangig sein!

Zwar hat Paulus sicher nicht eine frauenfeindliche Absicht verfolgt - solches darf man ihm nicht unterstellen - , er lebt in einem patriarchalischen Umfeld, für das der Mann maßgebend ist, ohne daß er damit Frauen bewußt diskriminieren will. Vielmehr ist in der Menschheit, die durch Adam repräsentiert wird, die Frau eingeschlossen, genauso wie in der neuen Menschheit, die durch Christus dargestellt wird. Wäre dem nicht so, wären Frauen ohne Sünde und brauchten auch nicht erlöst zu werden, ein absurder Gedanke![84] Es zeigt sich hier aber doch deutlich ein großes Problem, das auch an vielen anderen Orten aufgezeigt werden könnte, daß nämlich das *theologische Symbolsystem* androzentrisch ist, einseitig vom Männlichen ausgeht und den Mann zum Maß macht. So ist im göttlichen Bereich überwiegend männliche Symbolik verwendet worden, um Göttliches zu vergleichen. Dies wirkt in subtilster Form bis heute weiter. Noch in neuesten Überblicken (TRE) wird Adam überwiegend als Eigenname geschrieben und gibt so die ursprüngliche Bedeutung ("Mensch/Menschheit" - kollektiv) nicht wieder, vor allem schließt er da eindeutig die Frau aus.[85] Die in einer patriarchalischen Welt entstandene Typologie wird in der späteren Tradition leider häufig gegen Frauen verwendet, denn sie wurde auch vergröbert. Die subtilen Unterscheidungen, die bei philosophisch-theologischen Fragen entscheidend sind, werden von Epigonen oft

---

[83] In der gesamten Thematik vgl. u.a. den Sammelband von Walter STROLZ (Hg.), Vom alten zum neuen Adam. Urzeitmythos und Heilsgeschichte, Freiburg 1986; für die jüdische Adam-Tradition darin vor allem Peter SCHÄFER, Adam in der jüdischen Überlieferung, 69-93.

[84] Zu dieser für feministische Theologie schwierigen Frage vgl. das Kapitel "Kann ein männlicher Erlöser Frauen erlösen?" bei Doris STRAHM, Aufbruch zu neuen Räumen. Eine Einführung in feministische Theologie, Fribourg 1987, 71ff.

[85] Vor allem der alttestamentliche Teil des Beitrags ist äußerst dürftig! Vgl. dagegen Fridolin STIER, Art. Adam, in: HThG I, München 1962, 13-25.

nicht beachtet. Man braucht deshalb viele Aussagen des Paulus nur ganz leicht zu verdrehen, und es lassen sich kraß frauenfeindliche Tendenzen herauslesen.

Die Wirkungs- und Rezeptionsgeschichte der behandelten Texte - es sind sicher die Kerntexte dieser Frage - spielt bis heute eine große Rolle. Erst unser Jahrhundert ist dabei, die ganze Problematik historisch-kritisch aufzuarbeiten und erstmals auch durch Frauen systematisch auf ihre Ursprünge zurückzuführen. Immer mehr wird dies auch von Männern aufgegriffen. "Man begreift von innerkirchlicher Frauenproblematik nichts, wenn man ihren gesamtgesellschaftlichen, kulturellen, geschichtlichen Hintergrund und Kontext außer acht läßt. Und man verkennt oder diskriminiert die kirchliche Frauenbewegung und das Grundanliegen Feministischer Theologie, wenn man nicht sieht oder nicht sehen will, daß der Patriarchalismus, der Frauen in einer ausschließlich von Männern (Klerikern) regierten Kirche 'dem Manne untertan' macht (vgl. Kol 3,18; Eph 5,22; 1 Tim 2,11-15; Tit 2,5), eine strukturelle Sünde wider den Geist des Evangeliums Jesu Christi ist. Daran ändert auch die Tatsache nichts, daß patriarchalische Vorstellungen und Ansprüche schon sehr früh, gegen Ende des 1. Jahrhunderts in den christlichen Gemeinden Fuß fassen konnten."[86]

---

[86] Hans SCHILLING, Frauen im Kirchen- und Gemeindedienst: Hilfskräfte oder Partnerinnen der Männer?, in: MThZ 39 (1988), 93-107, hier 99.

Apokryphe Literatur um die Zeitenwende

Überblick

Schon die Ausführungen des Paulus mit ihrem Rückgriff auf zeitgenössische Bibelinterpretationen sowie auch Auslegungen der zweiten und dritten Generation weisen darauf hin, daß es um die Zeitenwende eine Fülle von Schriften gab, aus der die erwähnten Theologen laufend schöpften. Die Septuaginta, die griechische Übersetzung der hebräischen Bibel, wurde schon erwähnt. Sie war um 200 v. Chr. fertiggestellt und verweist auf ein großes Bedürfnis, denn seit der Eroberung Alexanders des Großen um 330 v. Chr. begann die ganze gebildete Welt, griechisch zu sprechen. So kam es dazu, daß die überlieferten hebräischen Schriften immer mehr zu fremden Texten und von weiten Kreisen nicht mehr verstanden wurden; es ergab sich ein wirkliches Bedürfnis nach Neuinterpretation. In dieser Zeit, etwa ab dem späten 3. Jh. v. Chr. bis über die Zeitenwende hinaus, entstanden zahlreiche apokryphe Schriften; das sind Schriften, die später nicht kanonisch, d.h. verbindlich in die Bibel aufgenommen wurden, die aber doch einen immensen Einfluß auf das gesamte geistige Leben der Zeit ausübten; sie wollen nicht Neues bringen, sondern beabsichtigen, Auslegungen von alten Überlieferungen zu sein, Altes neu zu dimensionieren und in der andersartigen Sprach- und Denkwelt neu zu interpretieren.[87] Diese Schriften, die nicht nur Theologie, sondern auch Philosophie und Bildung ganz allgemein zutiefst beeinflußten, haben in hohem Maße auch die neutestamentlichen Schriftsteller inspiriert. Wie Fische im Wasser, so tummeln sich alle um die Zeitenwende schreibenden Autoren in diesem Milieu. Keiner kann sich ganz diesem "Zeitgeist" entziehen, der im folgenden nun näher betrachtet werden soll.

Da es nicht möglich ist, die Apokryphen insgesamt vorzustellen, seien hier exemplarisch diejenigen ausgewählt, die einmal in besonderer Weise Genesis-Interpretationen enthalten, und solche, die bestimmte Weichenstellungen erkennen lassen bezüglich einer frauenfeindlichen Auslegung der alten Texte. Weiter sind jene Schriften besonders interessant, die im Neuen Testament eine Rolle spielen. Auch in der apokryphen Literatur gibt es natürlich viele

---

[87] Vgl. dazu KÜCHLER a.a.O. 123ff (Frühjüdischer Teil); auch Maria-Sybilla HEISTER, Frauen in der biblischen Glaubensgeschichte, Göttingen 1984, 160ff.

Richtungen, wobei die einen eher apokalyptisch, andere wieder betont asketisch gefärbt sind. Letztere spielen eine große Rolle bei den in Qumran gefundenen Schriften. Diese Texte mit der ihnen eigenen Problematik, auf die nicht besonders eingegangen werden kann - es gibt hier entsprechende Fachliteratur[88] - , sind besonders darum interessant, weil sie wegen ihrer langen "Lagerung" in versteckten Krügen nicht mit späteren christlichen Zusätzen versehen werden konnten und daher den Zustand spiegeln, wie er im antiken hellenistisch-jüdischen Bereich *ohne* Einfluß christlichen Gedankengutes vorhanden war. Bei den anderen apokryphen Schriften ist es oft schwierig, den ursprünglichen Zustand von den späteren Ergänzungen und Kommentierungen zu trennen, da auch noch in christlicher Zeit an den Handschriften weiter herumgearbeitet wurde. Häufig lassen sich aber christliche Kommentierungen deutlich erkennen. Nicht nur die neutestamentlichen Schriftsteller, auch die frühen Kirchenväter haben aus diesen Schriften zitiert.

Die wichtigsten Apokryphen, die auf die alten Texte Bezug nehmen, seien hier kurz vorgestellt und dann wegen der Schwierigkeit, an diese Texte heranzukommen, in den Abschnitten zitiert, die für das Thema der ersten Frau (Eva) von besonderem Interesse sind.[89]

---

[88] Vgl. dazu den Band für Studierende von Johann MAIER/Kurt SCHUBERT, Die Qumran-Essener. Texte der Schriftrollen und Lebensbild der Gemeinde, München 1986.
Auch in den gängigen Einleitungswerken zum AT ist regelmäßig ein Abschnitt über Qumran und eine Zusammenstellung der Schriften enthalten.

[89] Hierzu gibt es die wissenschaftliche Ausgabe mit Kommentar: Werner Georg KÜMMEL u.a. (Hg.), Jüdische Schriften aus hellenistisch-römischer Zeit (JSHRZ). Da die Schriftenreihe noch nicht vollständig ist, muß auch auf die alten Sammlungen zurückgegriffen werden, so Emil KAUTZSCH, Die Apokryphen und Pseudepigraphen des Alten Testaments, 2 Bde., Tübingen 1900, Darmstadt [4]1975, und Paul RIESSLER, Altjüdisches Schrifttum außerhalb der Bibel, Heidelberg 1928, Freiburg/Heidelberg [4]1979.

Aus dem 2. Jh. v. Chr. ist zunächst das Jubiläenbuch zu erwähnen,[90] das besonders viele Interpretationen aus der Genesis enthält. Zur Erklärung des Bösen wird eine Deutung der Adam-Eva-Geschichte gegeben. Die vielen Funde dieses Buches in Qumran (hebräisch) beweisen die Verbreitung in bestimmten Kreisen und sind ein wichtiger Beleg für den vorchristlichen Ursprung dieser Schrift. Das Jubiläenbuch liegt uns allerdings nicht vollständig in hebräischer Sprache vor, sondern in äthiopischer, es muß aber auf eine hebräische Urschrift zurückgehen.[91] Neben den vielen griechisch-hellenistischen Interpretationen älterer Überlieferungen gab es auch solche, die in anderen semitischen Sprachen überliefert, zum Teil auch übersetzt wurden (äthiopisch, syrisch, aramäisch usw.), später auch ins Lateinische.[92]

Die Aussagen über den Anfang (Urgeschichte) befinden sich in den Büchern II - X; daraus seien einige Abschnitte zitiert. Der erste Schöpfungsbericht (Gen 1) geht den Kapiteln 2 und 3 voraus, wie es der Anordnung der hebräischen Bibel entspricht. Dem besonderen Akzent des Jub entsprechend - es ist als Ganzes auf die Sinai-Offenbarung mit ihren Geboten bezogen, Hauptperson ist Mose - , steht für Gen 1 die Einschärfung des Sabbatgebotes im Vordergrund. In Gen 2 und 3 gibt es bezüglich der Erschaffung der Frau und des Sündenfalls kleinere Erweiterungen und Akzentverschiebungen, die im folgenden besprochen werden sollen. Nach der Erschaffung der Tiere heißt es:

"Und er war allein. Und es war keiner den er für sich fand, der ihm half, der wie er war. 4 Und der Herr sagte zu uns (gemeint sind die Engel): 'Es ist nicht gut, daß der Mann allein sei. Wir wollen ihm eine Hilfe machen, die wie er ist.' 5 Und der Herr, unser Gott, schickte einen Schlaf über ihn. Und er schlief. Und er nahm die

---

[90] Klaus BERGER, Das Buch der Jubiläen (JSHRZ II/3), Gütersloh 1981, 298-300, verweist genau auf den Zeitpunkt zwischen 150 und 140 v. Chr., also in die nachmakkabäische Zeit.

[91] BERGER a.a.O. 285ff schließt auch auf eine griechische Übersetzung, die aber zusammenhängend bis heute nicht gefunden wurde.

[92] Aus dem 5. Jh. *nach* Chr. gibt es eine lateinische Fassung; das zeigt, daß dieses Buch auch weiter überliefert und benutzt wurde, obwohl es nicht im Kanon steht.

Frau, mitten aus seinen Rippen eine Rippe. Und diese Seite war der Ursprung der Frau mitten aus seinen Rippen. Und er baute Fleisch an ihrer Stelle, und er baute die Frau. 6 Und er weckte den Adam aus seinem Schlaf. Und beim Aufwachen erhob er sich am sechsten Tage. Und er brachte sie hin zu ihm, und er erkannte sie und sagte zu ihr: 'Dies ist jetzt Knochen von meinem Knochen und Fleisch von meinem Fleisch. Diese wird genannt werden meine Frau, denn von ihrem Mann ist sie genommen.' 7 Deswegen wird der Mann verlassen seinen Vater und seine Mutter. Und er wird sich verbinden mit seiner Frau, und sie werden ein Fleisch sein. 8 In der ersten Woche ist geschaffen worden Adam und seine Seite, seine Frau. Und in der zweiten Woche zeigte er sie ihm. Und deswegen ist gegeben das Gebot, sieben Tage zu beachten für das Männliche und für das Weibliche zweimal sieben Tage in Unreinheit. 9 Und nachdem vollendet waren für Adam 40 Tage auf der Erde, auf welcher er geschaffen worden war, brachten wir ihn in den Garten Eden, damit er bebaue und bewahre. Und seine Frau aber brachten wir am 80. Tag. Und aus diesem Lande kam sie in den Garten Eden. 10 Und deswegen ist geschrieben ein Gebot auf den Tafeln des Himmels in bezug auf die Gebärende: Wenn sie ein Männliches geboren hat, soll sie sieben Tage bleiben in ihrer Unreinheit - entsprechend den anfänglichen sieben Tagen. Und 30 Tage und drei Tage soll sie bleiben im Blut ihrer Reinheit. Und alles Heilige soll sie nicht berühren. Ins Heiligtum soll sie nicht hineingehen, bis wenn sie vollendet hat die Tage, die bei einem Männlichen (angeordnet sind). 11 Und was das Weibliche betrifft: Zweimal sieben Tage entsprechend den zweimal sieben anfänglichen ihrer Unreinheit. 60 Tage und sechs Tage soll sie bleiben im Blute ihrer Reinheit. Und es sollen sein im ganzen 80 Tage."[93]

Zunächst werden Adam und Eva hier als Eigennamen verstanden, eine nicht zu unterschätzende Neuinterpretation gegenüber den Urtexten. Weiter ist die umständliche Beschreibung der Erschaffung aus der Rippe auffällig. Dem Verfasser genügt offenbar der kurze Bericht von Gen 2 nicht mehr, der das Wirken Gottes während des Tiefschlafs des Menschen so kurz wie möglich darstellt, sondern er weitet dies aus und gibt darüber hinaus den Mann als "Ursprung der

---

[93] Übersetzung BERGER a.a.O. 333-335.

Frau" an. Bei dem Jubelruf des Mannes findet eine Verschiebung dahingehend statt, daß sie mit einem Possessivpronomen "*meine* Frau" genannt wird, "denn von *ihrem* Mann ist sie genommen". So soll dieser Text wohl die Ehe begründen, während Gen 2 grundsätzlich vom Verhältnis der Geschlechter berichtet, ohne speziellen Akzent auf der Institution.

Gravierender ist nun aber, daß zwischen Adam und Eva, obwohl in der gleichen Woche erschaffen, eine Rangordnung dahingehend hergestellt wird, daß Eva erst in der *zweiten* Woche Adam gezeigt wird. Mann und Frau werden nicht gleichzeitig in den Garten Eden gebracht, sondern Eva 40 Tage später als Adam. Damit wird begründet, daß die Unreinheit der Frau bei der Geburt eines weiblichen Kindes doppelt so lang ist wie die bei einem männlichen. Aus dem Anliegen des Jub heraus, besonders die gesetzlichen Vorschriften einzuprägen, werden hier relativ späte kultisch-rituelle Vorschriften begründet, indem der Ursprungstext von Gen 2 in ihrem Sinne umgeformt wird. Obwohl die Genesistexte selbst von solchen Reinheitsvorstellungen weit entfernt sind, werden sie in dieser Spätschrift ins Zentrum gerückt und in der Schöpfungsordnung begründet. Es liegt hier somit eine folgenreiche Patriarchalisierung der biblischen Schöpfungstexte mit entsprechender Disqualifizierung der Frau vor.

Im Übergang von Gen 2 zu Gen 3 fehlt im Jub der Satz von Gen 2,25: "Sie waren nackt und schämten sich nicht voreinander." Dies ist kein Zufall, denn Jub 3,16 ist dies allein vom Mann ausgesagt:

> "Und es war, als er bebaute, und er war nackt. Und er wußte
> es nicht, und er schämte sich nicht."

Dies heißt, daß Adam seine Frau Eva nie nackt gesehen hat, auch nicht im Garten Eden. Dies hängt an dieser Stelle sicher mit der griechisch-hellenistischen Diskussion über Nacktheit zusammen, die eine große Rolle in der Auseinandersetzung zwischen jüdischer und griechisch-hellenistischer Kultur spielte. Aber eine Spitze ist gegen die Frau enthalten: Offenbar gilt ihre Nacktheit als gefährlich, während der Verfasser von Gen 2 diese ganz unbefangen sieht. Das Motiv kommt dann wieder nach dem Essen der Frucht. Das Gespräch mit der Schlange bringt nichts Neues, deswegen wird nur der Schluß zitiert:

"20 Und die Frau sah den Baum, daß er angenehm war und dem Auge gefalle und daß seine Frucht schön sei zum Essen. Und sie nahm davon und aß. 21 Und zuerst bedeckte sie die Scham mit Feigenblättern. Und sie gab sie (die Frucht) dem Adam, und er aß. Und seine Augen wurden geöffnet, und er sah, daß er nackt war. 22 Und er nahm Feigenblätter und nähte (sie zusammen), und er machte sich einen Schurz, und er bedeckte seine Scham."[94]

Daß die Frau ißt und ihrem Mann gibt und auch er ißt, ist in Gen 3 ein einziger Akt. Dazwischen wird nun aber im Jub eingeschoben, daß die Frau ihre Scham bedeckt. Somit kann Adam sie auch hier nicht nackt sehen. Dieser sieht dann also folgerichtig nur seine eigene Nacktheit! Entscheidende Verschiebungen sind geschehen, zudem wird hier die Solidarität der Menschen im Ungehorsam auseinandergerissen, indem die Handlung sozusagen in zwei Akte aufgeteilt wird.

Aber nicht nur in der Paradiesgeschichte, auch in der Interpretation der sog. Engelehen, der Geschichte von Gen 6,1-4, bringt das Jub neue Akzente. Die Erzählung dient hier der Abschreckung vor Unzucht und steht im "Kampf des Frühjudentums gegen die Verbreitung sexueller Freizügigkeit."[95] Zwar ist in der Interpretation des Jub die Aktivität noch ganz auf der Seite der (männlichen) Engel, aber die Unreinheit als Folge ihrer Tat verweist stark auf die Frauen. Es ist jetzt nur noch ein kleiner Schritt nötig, um der Frau insgesamt diese Verunreinigung anzulasten. Dieser Schritt wird in anderen apokryphen Schriften getan.

Das Jub ist deswegen ein wichtiger Schnittpunkt im Übergang zu immer größerer Frauenfeindlichkeit in den letzten zwei Jahrhunderten vor der Zeitenwende. Es "demonstriert sozusagen das Überhandnehmen der negativen Tradition in der frühjüdischen Literatur".[96]

---

[94] a.a.O. 336f.
[95] KÜCHLER a.a.O. 436.
[96] KÜCHLER a.a.O. 437.

Deutlicher wird dies alles in einem Buch, das eher ein Konglomerat von Schriften als ein einheitliches Werk ist, das Henochbuch.[97] Es ist eine der umfangreichsten und schwierigsten Stoffsammlungen innerhalb der apokryphen Tradition. Das Buch ist zu verschiedenen Zeiten entstanden, es gibt Teile, die auf das Ende des 3. Jh. v. Chr. zurückgehen, manche Stoffe sind sogar älter. Insgesamt ist es etwa aus der gleichen Zeit wie das Jub; Funde in Qumran (aramäisch) sprechen für den vorchristlichen Ursprung.[98] Ein vollständiger Text ist nur in äthiopischer Sprache erhalten, doch gibt es aramäische, syrische, koptische und griechische Fragmente. Die Urschrift war aber sicher semitisch. Bis ins Mittelalter hinein gab es immer neue griechische und lateinische Handschriften; dies zeigt das große Interesse gerade an diesem Buch, obwohl es nicht im Kanon steht.[99] Es beeinflußte auch zahlreiche christliche Visionsschriften im Mittelalter. Während das nachbiblische Judentum das Buch verworfen hat, war es somit in christlichen Kreisen außerordentlich beliebt.[100] Die Hauptperson Henoch ist eine der frühen Gestalten der Bibel;[101] sie findet in dieser Zeit besonderes Interesse, weil sie in den Himmel aufgenommen wurde. Bereits Jub 4,17 war Henoch erwähnt als der erste, der Schrift und Wissenschaft lehrt, als einer der Seher und endzeitlichen Offenbarer. Dies alles belegt wieder die Tendenz, Überkommenes neu zu interpretieren und an bestimmten Gestalten der Tradition festzumachen. Hier steht nicht Mose im Mittelpunkt wie im Jub, sondern eine legendenumrankte Figur aus der Genesis, die in dieser Spätzeit mit ihrem besonderen Interesse an der Bevölkerung des Himmels, an Engeln und Dämonen, große Aufmerksamkeit findet.

---

[97] Vgl. dazu Siegbert UHLIG, Das Äthiopische Henochbuch (JSHRZ V/6), Gütersloh 1984.

[98] Vgl. a.a.O. 482.

[99] Dies gilt allerdings nur für die Großkirche. Das Buch befindet sich im Kanon der äthiopisch-orthodoxen Kirche. Daher wurde es dort auch sorgfältig überliefert. Auch der Kanon ist nämlich nicht ein so einfaches und einheitliches Gebilde, wie manche/r sich das vorstellt. Im modernen Europa wurde der Urtext erst Ende des 18. Jh. bekannt.

[100] Vgl. Bo REICKE in: BHH I, 692f.

[101] Gen 5 ist Henoch im Stammbaum, der sich von Adam herleitet, der 7. Patriarch.

Die Verfasser stehen asketischen Kreisen wie jenen von Qumran nahe. Außer dem Neuen Testament wurden von dieser Schrift auch zahlreiche frühchristliche Schriftsteller und Theologen stark beeinflußt.

Thematisch befaßt sich die Stoffsammlung des Hen, was unseren Bereich betrifft, vor allem mit der Entstehung des Bösen und der Vermittlung von Wissen. Beide Themen, die in anderer Form in Gen 3 eine große Rolle spielen, werden hier aber nicht anhand der Anfangskapitel der Bibel erklärt, sondern mit Gen 6,1-4. Viel stärker als auf die Paradiesgeschichte greift Hen auf die Interpretation der kurzen Episode der Göttersöhne mit den Menschentöchtern zurück. Wegen der außerordentlich schwierigen und weitschweifigen Textlage sollen die Texte nicht zitiert, sondern in Zusammenfassung wiedergegeben werden. "Den vier Versen des Genesistextes steht hier ein 137 Einheiten umfassendes, eindrückliches Gemälde gegenüber, welches in dramatischer Weise von der Verschwörung und vom Herabstieg der 'Wächter vor der Sintflut' zu den schönen irdischen Frauen erzählt, von der Zeugung der Riesen und vom Verrat himmlischer Geheimnisse, dann von der Zerstörung der menschlichen, tierischen und pflanzlichen Welt bis zum Kannibalismus und schliesslich von der vielfachen Bestrafung der Wächter, der Frauen, der Wächtersöhne und aller beteiligten Menschen in einem mehrfach gestaffelten göttlichen Gericht und von der Errichtung paradiesischer Zustände in der Zeit nach dem Ende."[102] Während in Gen 6 das Geschehen nur beschrieben war, geht Henoch zu eigentlichen Wertungen über. Durch die Verwendung anderer Verben, vor allem aber durch die Betonung der Verunreinigung, kommt ein ganz neuer Akzent in diese Erzählung. Nicht mehr die Grenzüberschreitung der Himmlischen ist der Kernpunkt, sondern die sexuelle Verführung, die nun immer breiter ausgemalt wird. Dabei wird die Verunreinigung zusehends den Frauen angelastet. "Mag man in Hen 7,2 noch die allgemeine Vorstellung finden, dass sexuelle Kontakte schlechthin und deshalb Mann *und* Frau verunreinigen, so sind die beiden anderen Stellen ganz klar zu Ungunsten der Frau formuliert. Es ist die Frau, die die Unreinheit beim Geschlechtsverkehr mitteilt (9,8); dies verstärkt sich noch in 10,11, wo vom Verkehr der Wächter mit den Frauen zur Zeit der Menstruation, also

---

[102] KÜCHLER a.a.O. 228.

der Unreinheit der Frau par excellence, gesprochen wird."[103]

Die Rezeptionsgeschichte des Hen-Textes zeigt, daß diese Züge noch weiter vergröbert und die sexuelle Begierde mit der Frau gleichgesetzt wird; durch diese Begierde kommt letztlich das Böse in die Welt, es wird dämonologisch erklärt!

Das Wissen, das Asaël[104] den Menschen bringt, wird in verkehrter Weise benutzt. Bei den Männern führt es zu Kriegen, bei den Frauen dient es der Unzucht und Verführung. Während aber in der weiteren Rezeption für die Männer wegen ihrer vielen unstatthaften Kriege keine Nachteile entstehen, wird das unstatthafte Wissen der Frauen immer mehr in Richtung "Verführerin" ausgewalzt. "Das neue Thema bringt es also mit sich, dass - abgesehen von den Männern mit ihren Kriegen - das die Erde 'verwüstende' Böse in der Gestalt der Frau als Verführerin (primäre Asaël-Tradition) und als Hexe (sekundäre Asaël-Tradition) auftritt, wobei beidemale die Erotik den Rahmen abgibt."[105]

Auf diesem Hintergrund ist es somit nicht verwunderlich, daß die neutestamentlichen Schriftsteller die Frau primär als Verführerin, und zwar vor allem in sexuellem Sinne, sehen und die entsprechenden "Machtmittel" (Schminke, Schmuck, schöne Kleider) ablehnen.

Noch ein anderer Gesichtspunkt scheint mir hier aber wichtig und neu im Vergleich zu Gen 6 in die Interpretation hereingekommen zu sein. Aus diesem Grund sollen exemplarisch einige Verse aus Kapitel 15 des äthiopischen Henochbuches zitiert werden:

1 "Fürchte dich nicht, Henoch, du gerechter Mann und Schreiber der Gerechtigkeit: Komm her und höre mein Wort! 2 Und gehe hin, sage den Wächtern des Himmels, die dich geschickt haben, um für sie zu bitten: 'Ihr solltet für die Menschen bitten, und nicht die Menschen für euch.' 3 Warum habt ihr den hohen, heiligen, ewigen Himmel verlassen und

---

[103] KÜCHLER a.a.O. 249.

[104] Asaël ist ursprünglich ein Wüstendämon, zu dessen Unschädlichmachung ein Versöhnungsritual vollzogen werden mußte. In den Apokryphen spielt er eine große Rolle, im Hen wird er zu einem der Anführer der Engelwesen, die nach Gen 6 auf die Erde herabsteigen; er lehrt die Menschen die Gottlosigkeit, die Männer das Kriegshandwerk (Herstellung von Schwert, Messer, Schilde usw.), die Frauen die Herstellung von Schmuck und Schminke und allerlei Farben zur Verführung der Männer (vgl. Hen 8,1ff).

[105] KÜCHLER a.a.O. 275.

mit Frauen geschlafen und euch mit den Menschentöchtern verunreinigt, und habt euch Frauen genommen und wie die Kinder der Menschen gehandelt und habt Riesensöhne gezeugt? 4 Wo ihr doch heilig, geistig, des ewigen Lebens teilhaftig waret, habt ihr euch an den Frauen verunreinigt und mit dem Blut des Fleisches Kinder gezeugt und nach dem Blut der Menschen verlangt, und ihr habt Fleisch und Blut hervorgebracht, wie sie es tun, die sterblich und vergänglich sind...".[106]

Was hier deutlich wird, ist eine starke Entgegensetzung von Geist und Fleisch, wie sie in der hebräischen Bibel nicht zu finden ist. Offenbar unter hellenistischen Einflüssen ist in dieser Zeit ein Dualismus ausgebildet worden, der zudem mit einer Wertung verbunden war. Denn was höher steht, wird außerordentlich deutlich: Geist steht himmelhoch über dem (menschlichen) Fleisch und daher auch das Männliche über dem Weiblichen; denn die Himmlischen, obwohl sie ja im Himmel keine Frauen haben, sind doch eindeutig als *männlich* qualifiziert, während die Menschentöchter das Fleisch, daran vor allem die sexuelle Begierde, repräsentieren. Zweifach wird somit Weibliches auf eine niedrigere Stufe verwiesen.

Noch etwas anderes drängt sich in den Interpretationen dieser schwierigen apokalyptischen Texte auf: Was für ein Gottesbild müssen diese Verfasser gehabt haben, wenn die (männlichen) Engel, die nach diesen Texten selbst die unmittelbare Schau des ewigen Gottes genießen, so leicht durch die einfachen, gewöhnlichen Erdenfrauen von ihrem Glück abgelenkt werden können? Ist in dieser Spätzeit nicht auch das Gottesbild, das ja immer mit dem Menschenbild Hand in Hand geht, außerordentlich verflacht? Oder zeigen gerade diese Schriften, die in weiten Teilen Phantasieprodukte von Männern sind, wie sehr diese von eigenen sexuellen Ängsten und Vorstellungen geprägt sind, die sie in den Himmel projizieren? Manche Stellen dieser apokryphen Schriften, auch in den noch nicht behandelten, kann man jedenfalls nur als sakrale Pornographie bezeichnen.

---

[106] Übersetzung UHLIG a.a.O. 541f.

Die Testamente der zwölf Patriarchen (Test XII)

Eine weitere apokryphe Schrift, die die gleichen Tendenzen enthält und sich auch auf große Figuren der Vergangenheit bezieht, sind die TestXII, so genannt, weil darin die zwölf Söhne Jakobs ihre Söhne und Enkel versammeln und diesen letzte Anweisungen erteilen (vgl. Gen 49).[107] Im Unterschied zu den bereits besprochenen Apokryphen ist diese Schrift eindeutig außerhalb Palästinas und in hellenistisch-griechischer Sprache verfaßt. Obwohl diese Schrift stärker als die anderen durch christliche Redaktion überarbeitet wurde, somit die ursprünglichen Aussagen und die späteren Zusätze nicht immer streng zu trennen sind, gehen auch ihre Ursprünge bis auf das 2. Jh. v. Chr. zurück. Der vorliegende Text ist aber christlich.[108] Obwohl dieses Buch keine direkte Auslegung der Schöpfungs- und Paradiesgeschichte enthält, ist es von besonderer Bedeutung, denn seine "Paränese kann als typischer Modellfall für das hellenistische Judentum und seine Predigt gelten".[109] Das Werk führt Tendenzen weiter, die sich zwar nicht direkt auf die Genesis-Interpretation beziehen, aber diese wesentlich beeinflussen, insbesondere durch ihre stark frauenfeindlichen Züge und die zu der Zeit beliebte Zusammenstellung von Schmuck, Schönheit und Verführung sowie die Verbindung, ja Identifizierung der Frau mit Sexualität/ Begierde.[110] Diese Tendenzen, die sich verheerend auf die Genesis-Interpretation dieser ganzen Epoche auswirken, sollen an einigen Textbeispielen von Ruben veranschaulicht werden.

> "Hört auf Ruben, euren Vater.
> Achtet nicht auf den weiblichen Anblick,
> Seid nicht allein mit einer (anderen) Ehefrau,
> Gebt euch nicht ab mit Frauenangelegenheiten!" (3,9f)

---

[107] Die Gattung der "Testamentsliteratur" ist in dieser Zeit verbreitet, es gibt auch andere Testamente, z.B. des Mose, des Abraham, des Elija, des Baruch u.a.

[108] Vgl. Jürgen BECKER, Die Testamente der zwölf Patriarchen (JSHRZ III/1), Gütersloh 1980, 23: Die christliche Überarbeitung hat nach 70 n. Chr., Zerstörung Jerusalems durch die Römer, begonnen.

[109] BECKER a.a.O. 16.

[110] "Die Warnung vor der Frau als versucherischer Ort sexueller Sünde ist eine Hauptparänese der TestXII ... Die weibliche Schönheit ist dabei besonderes Motiv" (BECKER 36 Anm. 1a).

Weiter beschreibt Ruben seine Untat in den V.11 und 12:

"Denn wenn ich nicht Balla gesehen hätte, wie sie an einem verborgenen Ort badete, wäre ich nicht in die große Gesetzlosigkeit gefallen. Denn als mein Denken die weibliche Nacktheit aufgenommen hatte, ließ es mich nicht (mehr) schlafen, bis ich die Schandtat ausgeführt hatte."[111]

Obwohl Ruben diese Tat durchaus als seine Sünde anerkennt, folgt 5,1ff eine lange Mahnung gegen die Hurerei und eine allgemeine Warnung vor der Frau:

"1 Böse sind die Frauen, meine Kinder, da sie keine Macht oder Gewalt über den Mann haben, setzen sie listig (ihr schönes) Aussehen ein, damit sie ihn zu sich hinziehen. 2 Und wen sie durch (ihr schönes) Aussehen nicht behexen können, den besiegen sie durch Intrige. 3 Denn auch über sie sprach zu mir der Engel Gottes und unterrichtete mich, daß die Frauen dem Geist der Hurerei eher unterliegen als der Mann. Im Herzen schmieden sie Pläne gegen die Männer. Durch den Schmuck verwirren sie deren Gedanken. Durch den Blick säen sie das Gift, und dann nehmen sie (sie) durch die Tat gefangen. 4 Denn eine Frau kann einen Mann nicht bezwingen auf offene Weise, sondern (nur) durch hurerisches Verhalten überlistet sie ihn. 5 Fliehet nun die Hurerei, meine Kinder, und gebietet euren Frauen und Töchtern, daß sie sich ihre Häupter und die Antlitze nicht zur Überlistung des Sinnes schmücken. Denn jede Frau, die in diesen Dingen mit List handelt, ist zur ewigen Bestrafung aufbewahrt. 6 Auf diese Weise bezauberten sie nämlich die Wächter vor der Flut: Jene sahen sie dauernd, gerieten in Verlangen nach ihnen und empfingen im Herzen die Tat. Sie verwandelten sich in Menschen, und während ihre Männer ihnen beiwohnten, erschienen auch sie ihnen. 7 Und diese (= die Frauen) begehrten in ihrem Herzen nach ihren (= der Wächter) Erscheinungen und gebaren Riesen, denn die Wächter

[111] BECKER a.a.O. 35.

zeigten sich ihnen, bis zum Himmel reichend."[112]

Bezeichnendes ist hier verschoben, auch in bezug auf Jub und Hen: das TestRub wählt jene Variante, die die Frauen am meisten belastet.[113] Während in früheren Apokryphen die Wächter aus freien Stücken handeln, sind es nun die Frauen, die sie provozieren. "Die Frauen begehen somit nicht nur schlimmsten Ehebruch, sie bringen durch Verzauberung auch die Engel zu Fall."[114] Ähnliche Tendenzen haben unzählige andere Apokryphen, die hier nicht besprochen werden können, da sie sich nicht auf Gen 1 - 3 beziehen, sondern auf sämtliche biblischen Frauengestalten, die in irgendeiner Weise im Alten Testament eine Rolle spielen (Dina, Batseba, Tamar und ganz besonders die Frau des Potifar, von der es eigene Literatur gibt; ihre Reize und Schönheit, die Josef verführen sollen, werden richtiggehend pornographisch ausgemalt). Wie sehr diese Züge in der Spätzeit im Zentrum stehen, zeigen die weiteren Reden des TestXII: Juda nimmt in seiner Abschiedsrede auf die Tat Rubens wiederum Bezug (13,1ff). Anders der biblische Ursprungstext, der in Gen 35,22 mit einem einzigen Halbvers diese Tat beschreibt, wobei die Frau (Bilha, die Nebenfrau Jakobs) nicht die geringste Aktivität ausübt. Wie bei der Erzählung von Gen 6 wandert jedoch um die Zeitenwende die Aktivität im Bösen immer stärker zum weiblichen Teil hinüber, so daß man die Frau insgesamt für Sünde und Verführung verantwortlich machen kann. Für die christliche Tradition war besonders verheerend, daß gerade dieses Buch mit seiner gehäuften Warnung vor der Frau in den ersten christlichen Jahrhunderten fleißig rezipiert und zitiert wurde und in den Belehrungen der Kirchenväter großen Raum einnahm.

---

[112] BECKER a.a.O. 37f.

[113] Vgl. KÜCHLER a.a.O. 455ff.

[114] KÜCHLER a.a.O. 456.

Die Apokalypse Abrahams (ApcAbr)

Auch unter dem Namen Abraham wurden mehrere Schriften überliefert, ein Testament Abrahams und - für unser Thema von
besonderem Interesse - eine Apokalypse Abrahams.[115] Diese
Apokalypse, die bereits ganz in christlicher Zeit entstanden (nach 70
n. Chr.) und nur in einem slawischen Text erhalten ist, der eine
Übersetzung aus dem Griechischen darstellt, bringt eine ausführliche
Ausmalung der Versuchungsgeschichte. Die stark dualistisch
geprägte Schrift - einem Reich des Guten steht ein Reich des Bösen
gegenüber, dessen Vertreter Asasel ist - spricht in einer Rede an
Abraham über diese erste Sünde 13,1ff:

"1 Schaue noch in der Darstellung, wer Evas Verführer
gewesen ist und welches die Frucht des Baumes ist, (und)
du wirst wissen, was geschehen wird und wie es deinem
Samen unter den Menschen geschehen wird am Ende der
Tage des Äons.... 3 da sah ich einen Mann von sehr hoher
Gestalt und schrecklicher Breite, von unvergleichlichem
Aussehen; dieser umarmte sich mit einem Weib, das im
Aussehen und in der Gestalt dem Manne gleichsah; und sie
standen unter einem Baum im Garten Eden. 4 Und die
Frucht dieses Baumes war einer Weintraube ähnlich.
5 Und hinter dem Baum stand etwas wie eine Schlange, sie
hatte Hände und Füße, die denen eines Menschen glichen,
und an den Schultern Flügel: sechs rechts und sechs
links; und sie hielt in der Hand eine Traube von dem Baum.
6 Und sie lockte die beiden herbei, die ich umschlungen
gesehen hatte. 7 Und ich sprach: 'Wer sind die beiden, die
sich umschlingen, oder wer ist derjenige, der zwischen
ihnen ist, oder was ist die Frucht, die sie essen, Starker
Urewiger?' 8 Und er sprach: 'Dies ist der Trieb der
Menschen, dies ist Adam; und dies ist ihre Begierde auf
Erden, dies ist Eva; und das, was zwischen ihnen ist, das ist
die Gottlosigkeit ihres Unternehmens zum Verderben, das
ist Asasel selbst.'"[116]

---

[115] Vgl. Belkis PHILONENKO-SAYAR / Marc PHILONENKO, Die Apokalypse Abrahams (JSHRZ V/5), Gütersloh 1982.

[116] a.a.O. 445f.

Eindeutig verkörpert Eva hier die Begierde, und die Schlange ist das Böse selbst, der Teufel (hier Asasel genannt). Bedenkt man, daß die Zeit der Entstehung dieser Schrift auch die Zeit der Entstehung der meisten neutestamentlichen Schriften ist, wird deutlich, in welchem Umfeld die neutestamentlichen Schriftsteller lebten, besonders am Ende des 1. und am Anfang des 2. Jhs. und wie sehr sie durch diesen "Zeitgeist" in ein neues "Licht" geraten.

Im folgenden sollen noch einige apokryphe Schriften angeführt werden, die alle, wie ApcAbr, in die christliche Zeit fallen und gemeinsam haben, daß sie über das Leben Adams und Evas nach der Vertreibung aus dem Paradies reflektieren. Sie bringen also sozusagen eine Weiterschreibung der biblischen Geschichten über das in der Bibel Berichtete hinaus und zeigen die Tendenz, in Rückblicken bzw. Klagen das verlorene Glück zu betrauern und je nachdem Schuldzuweisungen vorzunehmen. Zu diesen Schriften gehören die Apokalypse des Mose und verschiedene Leben Adams und Evas. Alle diese Schriften haben in ihrer lateinischen Fassung die Tendenz, Adam zusehends immer mehr zu idealisieren und Eva immer stärker zur alleinigen Ursache des Bösen zu erklären. Häufig lamentiert Eva sogar lautstark in Selbstanklagen, sie sei die Ursache von Adams Unglück. Es ist typisch für dieses männliche Schreiben - bis zu Miltons "Paradise Lost" (1667)[117] - , daß der Frau die männliche Selbstrechtfertigung und eine negative Genesis-Interpretation in den Mund gelegt wird![118]

---

[117] John MILTON, Das verlorene Paradies, Stuttgart 1986. Wie groß die Beeinflussung durch solche Dichtungen war, kann man nur erahnen. Sie werden häufig bei theologischen Überlegungen nicht berücksichtigt, weil sich damit die Anglisten beschäftigen, die ihrerseits mit der theologischen Tradition nicht vertraut sind, die hier ausgebreitet wird: ein Riesengemälde über den (apokryphen) Engelsturz, über Gespräche im Himmel und der Hölle, der gefallenen Engel unter sich und mit Adam im Paradies usw. Vgl. auch den Prolog in Goethes Faust I.

[118] Anders als die weitere christliche Entwicklung ist die jüdische weniger negativ verlaufen. Es gibt in der nachbiblischen jüdischen Tradition kein so großes Bedürfnis nach der Frau als Sündenbock, auch fehlt die in der christlichen Zeit analog der Typologie Adam - Christus gebildete Gegenüberstellung von Eva und Maria. Sehr viele positive Frauenstellen finden sich in der weiteren jüdischen Entwicklung, die häufig mit viel *Humor* verbunden sind, ein Zug, der in der frauenfeindlichen christlichen Tradition völlig fehlt. Vgl. zu

Die Apokalypse des Mose (ApcMos)

In der ApcMos ergeht eine Offenbarung an Mose. Das Buch beginnt aber mit einer Rückschau und reflektiert über das Leben Adams und Evas nach ihrer Vertreibung aus dem Paradies. Sie ziehen gegen Osten, und am Ende ihres Lebens sprechen sie über ihre paradiesische Vergangenheit. Diese Reflektion in Gesprächsform, zunächst zwischen dem Sohn Seth und Adam, sei in kurzen Auszügen wiedergegeben. Seth fragt V. 6:

> "Vater!
> Vielleicht denkst du an das,
> wovon du in dem Paradiese aßest,
> und bist deswegen so betrübt?"[119]

Der Sohn ist bereit, für seinen Vater die Frucht aus dem Paradies zu holen, die seine Schmerzen lindern könnte. Offenbar werden hier Leid, Krankheit im Alter und dann der Tod auf die Geschehnisse in der Zeit des Paradieses zurückgeführt. Adam antwortet seinem Sohn auf die Frage nach Pein und Krankheit V. 7:

> "Als Gott uns schuf,
> mich und die Mutter,
> um deretwillen ich den Tod erleiden muß,
> gab er uns alle Paradiesesbäume;
> von einem einzigen verbot er uns, zu essen;
> wir würden seinetwegen sterben.
> Als nun die Stunde kam,
> allwo die Engel, eurer Mutter Wächter,
> sich zu der Anbetung des Herrn hinaufbegaben,
> fand sie der Feind allein
> und gab ihr von dem Baum zu essen;
> er wußte ja, daß weder ich
> noch heilige Engel in der Nähe waren.
> Sie gab auch mir zu essen."[120]

---

diesem Problemkreis August WÜNSCHE, Schöpfung und Sündenfall des ersten Menschenpaares im jüdischen und moslemischen Sagenkreis, Leipzig 1906.

[119] Übersetzung nach RIESSLER a.a.O. 139.

[120] a.a.O. 140.

Die dem Text der Genesis selbst völlig unangemessene Vorstellung, die hier zum Ausdruck kommt, ist auch sonst in der zwischentestamentlichen Zeit verbreitet: daß Eva nicht gesündigt hätte, wenn Adam oder die Engel - man beachte die Zusammenstellung! - in der Nähe gewesen wären. Die Vorstellung, daß Eva als die Schwächere der Versuchung erliegt, Adam aber selbstverständlich nicht erlegen wäre, wird an anderer Stelle auch so ausgedrückt, daß der Versucher sich gar nicht an den Mann herangetraut hätte. Nur über das "schwächere" Glied kommt der sog. Sündenfall überhaupt zustande. Die Frage, wo Adam denn in der Zeit gewesen ist, wird nicht gestellt.

Nun kommt auch Eva zu Wort und bestätigt die Vorwürfe gegen sie im V. 9:

> "Da sagte Eva unter Tränen:
> Adam, mein Herr!
> Gib von der Krankheit mir die Hälfte!
> Ich will sie auf mich nehmen;
> um meinetwillen widerfährt dir dies;
> in Mühen und in Peinen bist du meinetwegen."[121]

Eva wird nun mit Seth zum Paradies geschickt, um Erbarmen zu holen. Unterwegs wird Seth von einem Tier bekämpft. Das Besondere an dieser Episode ist, daß Seth darin als Gottes Ebenbild angesprochen wird (vgl. Gen 5); offenbar kommt hier die Tradition zu Wort, die nur den *Mann* als Bild Gottes sieht, denn von Eva wird nichts dergleichen gesagt, im Gegenteil, auch das Tier klagt Eva V. 11 an:

> "Da rief das Tier:
> Eva! Nicht uns trifft deine Anklage,
> dein Weinen.
> Nur dich allein!
> Ist doch der Tiere Herrschaft erst durch dich entstanden.
> Weswegen tat dein Mund sich auf,
> vom Baum zu essen?
> Gott hat dir strengstens untersagt,
> von ihm zu essen.

---

[121] a.a.O. 140f.

Auch unsere Natur hat sich dadurch verwandelt.
Du kannst dich nicht rechtfertigen,
wenn ich beginn, dich anzuklagen."[122]

Die Verführung durch die Schlange und die Sünde werden sehr breit erzählt. Der Teufel im Gespräch mit der Schlange, die sein Werkzeug wird, bespricht ausführlich sein Vorgehen. Bezeichnend ist der Satz V. 16:

"Wohlan! Wir wollen's dahin bringen,
daß er des Weibes wegen aus dem Paradies vertrieben wird."[123]

Die Erklärung der Sünde findet sich mehrmals:

V. 19: "Begierde ist ja auch der Anfang aller Sünde ....";
V. 32 spricht Eva: "... durch mich kam alle Sünde in die Schöpfung."

Die Identifizierung von Frau und Begierde ist hier also längst vollzogen. Was im äthHen schon greifbar war, ist hier festes Traditionsgut. Die ApcMos schließt allerdings sehr positiv mit dem Tod Adams, dem Eva nach 6 Tagen folgt. Beide werden im Paradies begraben, wo sie auf die Auferstehung warten.

Die Leben Adams und Evas (VitAd)

Die VitAd, die in vielen lateinischen Fassungen kursieren (sie gehen auf eine griechische Vorlage zurück), sind in christlicher Zeit besonders eifrig benutzt und immer wieder erweitert worden. Inhaltlich stimmen sie sehr stark mit der ApcMos überein. Wie diese beginnen sie mit der Vertreibung aus dem Paradies und dem Schicksal der ersten Menschen und enden mit deren Tod. Das Interesse an der Begründung von Sünde und Tod hat offenbar die Menschen um die Zeitenwende außerordentlich beschäftigt. Die Selbstanklagen Evas steigern sich hier V. 3 eher noch:

---

[122] a.a.O. 141.
[123] a.a.O. 143.

"Und Eva sprach zu Adam:
Mein Herr, willst du, so töte mich!
Vielleicht führt dich dann Gott, der Herr, ins Paradies
zurück,
ist Gott, der Herr, doch meinethalben über dich in Zorn
geraten.
Willst du denn nicht mich töten, daß ich sterbe?
Vielleicht führt dich dann Gott, der Herr, ins Paradies;
du wurdest doch von dort nur meinetwegen ausgetrieben.
Und Adam sprach:
Red nicht so, Eva,
auf daß nicht Gott, der Herr, uns abermals verfluche!
Wie könnt ich meine Hand gegen mein eigen Fleisch
erheben?"[124]

Die beiden Menschen legen sich dann eine Buße auf. Eva soll 37
Tage im Wasser des Tigris stehen, Adam 40 Tage im Jordan. Aber
dort wird Eva ein zweites Mal schwach, der Teufel verführt sie,
früher als ausgemacht aus dem Wasser herauszugehen, und führt sie
zu Adam. Dieser ruft V. 10 aus:

"Wo bleibt dein Bußwerk, Eva, Eva?
Wie konntest du dich abermals
von unserm Widersacher so verführen lassen?
Durch diesen ward uns ja das Paradies
und geistliche Freude genommen."[125]

Auf die Frage an den Teufel, warum er die Menschen so verfolgt,
gibt er seinen Neid auf Adam zu, der nach dem Bild Gottes
geschaffen ist. Weil er sich geweigert hatte, Adam, das Ebenbild
Gottes, zu verehren, wird er aus der Herrlichkeit Gottes verbannt.
Dieser "Engelfall" ist auch andernorts in dieser Zeit sehr verbreitet.
Für unser Thema ist von besonderem Interesse, daß auch hier nur
Adam (Eigenname!) als Bild Gottes geschaffen ist, Eva fehlt in
diesem Zusammenhang völlig, denn das Ereignis bezieht sich auf
einen Augenblick vor der Erschaffung der Frau V. 13:

---

[124] a.a.O. 668.
[125] a.a.O. 670.

"Um deinetwillen ward ich ja von dort verstoßen
und aus der Engel Schar verbannt.
Als Gott den Lebensodem in dich blies,
und dein Gesicht und Gleichnis ward nach Gottes Bild
geschaffen,
da führte Michael mich her,
und er gebot, dich zu verehren vor dem Angesichte Gottes.
Es sagte Gott, der Herr:
'Ich schuf nach meinem Bild und Gleichnis, Adam, dich
fürwahr.'"[126]

Während Adam seine 40tägige Buße aushält, sagt Eva V. 18:

"Mein Herr, bleib du am Leben!
Du darfst auch leben bleiben;
denn du begingest nicht die erste
und nicht die zweite Übertretung;
ich aber übertrat und ward verführt;
ich hielt ja nicht das göttliche Gebot.
Entfern mich jetzt vom Lichte dieses Lebens!"[127]

Die Fortsetzung sieht ähnlich aus wie in der ApcMos. Adam gibt
seinem Sohn Seth in einem langen Gespräch all das weiter, was
geschehen war, und versammelt schließlich seine Söhne an seinem
Sterbelager. Interessant ist V. 42, eine christliche Deutung, daß
nämlich nach 5500 Jahren Christus kommt,

"Gottes Sohn und Adams Leib;
er wird mit ihm der Toten Leiber auferwecken.
Und Gottes Sohn wird, wenn er kommt, im Jordan selbst
getauft;
wenn er dann aus dem Jordan steigt,
salbt er mit der Erbarmung Öle alle,
die an ihn glauben."[128]

---

[126] a.a.O. 671.
[127] a.a.O. 672.
[128] a.a.O. 678.

Nun wird klar, warum Adam im Jordanwasser Buße tun mußte, in dem später Christus getauft wird, Eva aber im entfernteren Tigris!

Auch dieses Buch schließt damit, daß Eva 6 Tage nach Adam stirbt, beide werden von ihren Söhnen begraben.

Mit diesen Beispielen soll das Kapitel über die Apokryphen abgeschlossen werden. Sie sind weder literarisch noch theologisch einheitlich, Vollständigkeit kann hier nicht angestrebt werden. Da erst am Ende des 4. Jh. die Entscheidung über den Kanon fällt und die Apokryphen ausgeschlossen werden, ist einsichtig, wie sehr diese Schriften die frühen christlichen Theologen beeinflußt haben. Mit ihrer Betonung von Engel- und Dämonenglauben und allerlei Einflüssen aus dem griechischen und orientalischen Synkretismus der hellenistischen Zeit bilden sie eine eigenartige Masse, aus der frauenfeindliche Sumpfblüten verschiedenster Art hervortreiben konnten.

Von Bedeutung wären in diesem Zusammenhang sicher noch die gnostischen Texte, die sehr am Leben Adams und Evas interessiert waren. Besonders durch die Funde von Nag Hammadi gibt es viel neues Material, z.B. eine Adam-Apokalypse, das hier aber nicht aufgearbeitet werden kann.[129]

---

[129] Vgl. den Überblick bei Otto BETZ, Art. *Adam*, in: TRE I (1977) 414-437, hier 421ff.

Weisheitliche Topoi über die Frau im spätalttestamentlichen Schrifttum

Überblick

Ein anderer Strang, der ebenso zu einer frauenfeindlichen Wirkungsgeschichte biblischer Texte beigetragen hat, ist die sog. Weisheitsliteratur. Außer aus den ersten Kapiteln der Bibel wurden viele Argumente gegen die Frau bzw. für die Minderwertigkeit der Frau dieser Literaturgattung entnommen. Ihre zumeist späten Texte, die wesentlich Lebenslehre, Lebenshilfe für bestimmte Zeiten, für bestimmte Stände und Situationen geben wollen, wurden später als *dogmatische* Sätze gelesen mit allgemeingültigen, nicht zeitbedingten Aussagen über die Frau. Diese spätalttestamentliche oder frühjüdische Weisheitsliteratur bestimmte dann auch das Umfeld, in dem das Neue Testament entstand. Die weisheitlichen Bücher der Bibel, die kanonisch geworden sind, sind wiederum nur ein kleiner Ausschnitt aus der breiten Weisheitstradition der letzten Jahrhunderte vor der Zeitenwende.

In viel größerem Maße, als früher angenommen werden konnte, sind solche Weisheitstexte auch außerisraelitischen Ursprungs. Manche Kapitel, z.B. aus dem Sprüchebuch, sind direkt von ägyptischen Vorlagen abhängig. Dort gehören die Warnung vor der fremden Frau und die Warnung vor dem Ehebruch (häufig mit einer sehr negativen Beschreibung der "Ehebrecherin" verbunden) zu den Topoi (Gemeinplätze, Denkschemata) der Zeit. Daß auch hier die in den Apokryphen festgestellten Tendenzen zur Identifizierung der Frau mit der sexuellen Begierde und dann mit dem Bösen überhaupt vorliegen, ist selbstverständlich. Denn die Schriften waren ja nicht säuberlich getrennt, sie entstanden alle in dem gleichen Milieu.

Nun arbeitete diese Spruchweisheit bekanntlich in Gegensätzen. Es werden antithetisch bestimmte gute und böse Erfahrungen zusammengestellt, um zu einem erfüllten Leben anzuleiten. So wird beispielsweise beim Wein die gute Eigenschaft gelobt, aber die Folgen bei Unmäßigkeit getadelt und ausgemalt. Ähnlich ist es bei den Aussagen über die Frau: die gute Frau wird gelobt, die schlechte Frau getadelt. Daran ist zunächst nichts Anstößiges, denn wer kann bestreiten, daß es schlechte Frauen gibt, genauso wie schlechte Männer. In diesem Bereich ist allerdings zu beachten, daß die Sprüche *ausschließlich* aus der Sicht von Männern formuliert sind, und dadurch kommen bereits negative Züge hinein, die in der gesamten altorientalischen Umwelt der Zeit üblich sind. Als Beispiel sei Sir 26,1f gewählt:

> "Eine gute Frau - glücklicher Mann,
> und die Zahl seiner Tage ist die doppelte.
> Eine tüchtige Frau schafft Wohlergehen ihrem Mann,
> und in den Jahren seines Lebens erfreut sie (ihn)."[130]

Zu dieser einseitigen Sicht kommt aber erschwerend hinzu, daß die späteren Interpreten häufig die positiven Aussagen weglassen und nur die negativen übernehmen, d.h. die Antithese auseinanderreißen und damit den Sinn zerstören.[131]

Wenn Spr 11,22 von der Frau ohne Sitte sagt:

> "Ein goldener Ring im Rüssel eines Schweines -
> eine Frau, zwar schön, aber ohne Anstand",

so steht doch im gleichen Kapitel einige Verse früher:

> "Eine anmutige Frau gewinnt Ansehen,
> und Tatkräftige gewinnen Reichtum" (V. 16).[132]

Dieser Vers erinnert an Spr 31, das Lob der tüchtigen Frau, allerdings wieder ganz aus männlicher Sicht.

Kohelet (Prediger)

Etwas schwieriger wird es bei Kohelet, der auch sonst durch seine negativen und sarkastischen Aussagen bekannt ist und sicher schon zu seiner Zeit Anstoß erregen will. Er wendet sich gegen eine bestimmte Schulweisheit, die auf die großen Rätsel des Lebens keine Antwort (mehr) hat. Die Entstehungszeit dieses Weisheitsbuches ist vermutlich

---

[130] Übersetzung nach Georg SAUER, Jesus Sirach (JSHRZ III/5), Gütersloh 1981, 568.

[131] So geschieht es dann im "Hexenhammer" (s. o.), vgl. dazu auch meinen in Anm. 12 genannten Beitrag.

[132] Übersetzung nach Otto PLÖGER, Sprüche Salomos (Proverbia) (BK XVII), Neukirchen 1984, 132f.

das Ende des 3. Jh. v. Chr., so daß wir etwa in die gleiche Epoche kommen wie bei den ältesten Apokryphen. Die Kanonizität von Koh war denn auch verschiedentlich angefochten.[133] Seine negative Sicht über den Menschen gibt der große Skeptiker z.B. in Kapitel 7 so wieder:

"26 und da finde ich nun bitterer als den Tod die Frau,
    denn sie ist ein Fangseil,
    Netz ist ihr Herz, Fesseln ihre Hände.
    (Wer Gott gefällt, entkommt ihr,
    aber der Sünder fällt ihr zur Beute.)
27 Siehe, dies habe ich gefunden,
    (-sprach Kohelet-)
    um ein für allemal zum Ergebnis zu kommen.
28 Was meine Seele immerfort gesucht hat,.
    aber was ich nicht gefunden habe:
    Einen Menschen (-einen Mann-) habe ich unter Tausend gefunden,
    aber eine Frau habe ich unter all diesen nicht gefunden.
29 Allein - siehe, das habe ich gefunden,
    daß Gott die Menschen rechtschaffen gemacht hat,
    aber sie suchen vielerlei schlaue Künste."[134]

Zwar werden Koh 7 auch die Männer nicht gelobt, es gibt nur *einen* wirklichen Menschen unter tausend, aber bei den Frauen ist es noch negativer - hier gibt es gar keine. Der Verfasser ringt somit mit dem Problem des Bösen, mit dem er nicht fertig wird, denn Gott hat die Menschen, wie er sagt, doch gut erschaffen! Wie dem Tod, so verfällt der Mann schicksalhaft der Frau, und dies wird hier sehr düster gesehen. Anders als im Hohenlied, wo ein ähnlich lautender Satz vorkommt - mar = bitter, kann auch "stark" heißen - , wandelt Koh an dieser Stelle offenbar überkommene Tradition ab:

"Denn stark wie der Tod ist die Liebe" (Hld 8,6).

Dieses Staunen über die Liebe, die mit der gleichen Macht wie der Tod dem Menschen begegnet, wird nun in dieser späten Zeit in ein

---

[133] Vgl. Aarre LAUHA, Kohelet (BK XIX), Neukirchen 1978, bes. 20ff.
[134] Übersetzung nach LAUHA a.a.O. 139; danach ist V. 26b Zusatz.

negatives Wort über die Frau gewendet.[135] Gerade dieser Text ist ein bezeichnendes Beispiel dafür, daß es im AT selbst einander widersprechende Aussagen über die Frau gibt, je nach Situation und Intention des Verfassers. Nur wenn solche Sätze aus ihrem Kontext herausgelöst und verallgemeinert werden, entfalten sie ihre bekannten frauenverachtenden Wirkungen.

Jesus Sirach und Weisheit

Besonders viele frauenfeindliche Topoi finden sich bei Jesus Sirach. Dieses späte Buch, das aus dem Anfang des 2. Jh. v. Chr. stammt, enthält einen Satz, der so gut wie immer in der frauenfeindlichen Tradition zitiert wird:

> "Von einer Frau nahm die Sünde ihren Anfang,
> ihretwegen müssen wir alle sterben." (Sir 25,24 EÜ)

Damit liegt bereits eine späte Genesis-Interpretation vor, wie sie sich auch in den Apokryphen findet, denn der Satz nimmt eindeutig auf die Paradiesgeschichte Bezug, der einzige übrigens in der alttestamentlichen Bibel. Dies gilt allerdings nur für die vorreformatorische Tradition, weil das Sirach-Buch nur für die katholische (und orthodoxe) Kirche zum Kanon gezählt wird; denn es ist in der Septuaginta, der griechischen Bibel, enthalten, nicht aber im hebräischen Kanon. Deswegen wird es von den Kirchen der Reformation wie die oben besprochenen Werke zu den Apokryphen gezählt.[136] Während Sir 26 die Vorteile einer guten Frau (für den Mann) schildert, bringt Kapitel 25 die negativen Aspekte, wobei für die Spätzeit wieder charakteristisch ist, daß die negativen vorangestellt sind. Sätze wie Sir 25,16

> "Mit einem Löwen und Drachen zusammenzuleben, erschiene
> mir angenehmer, als mit einer schlechten Frau
> zusammenzuleben."[137]

---

[135] Siehe S. 16ff und das Zitat von LOHFINK (s. Anm. 21).

[136] Darum ist das Buch kommentiert in der Reihe der JSHRZ (s. Anm. 130), während es in der (kath.) Neuen Echter Bibel innerhalb der biblischen Bücher erscheint; der Band über Sir liegt jedoch noch nicht vor.

[137] SAUER a.a.O. 568.

gehören zu den üblichen Aussagen dieser Literaturgattung. Der oben zitierte V. 24 ist deswegen für die Folgezeit verheerender, weil er *theologisch* begründen will und eine Schriftauslegung der Genesis-Texte bringt, die die Folgezeit beeinflußt, vor allem auch das Neue Testament; denn die neutestamentlichen Schriftsteller zitieren *alle* aus der Septuaginta, und für sie gilt Sir als Heilige Schrift!

Hier geht es nicht mehr um konkrete Lebensweisheit, sondern es wird theoretisch verallgemeinert, die Frau schlechthin für das Böse verantwortlich gemacht. "Von den Anfängen des Bösen, wie sie in den rezeptionalen Texten des Frühjudentums narrativ und paränetisch aufgezeigt werden, braucht es nur mehr den kleinen und schnell gemachten Schritt der Verallgemeinerung, um zu einer solchen Aussage zu kommen, wie sie Ben Sira mitten in seinen Meinungen über die Frau fallen ließ: *Von einer Frau nahm die Sünde ihren Anfang (Sir 25,24).*"[138]

Noch ein anderes spätes Buch ist zu erwähnen, das genauso wie Sir nur in der katholischen Tradition ein kanonisches Buch ist: das Buch der Weisheit (Sapientia Salomonis). Dieses späteste alttestamentliche Buch ist von Anfang an griechisch geschrieben. Es setzt Sir voraus und ist wohl im 1. Jh. v. Chr., vermutlich in Ägypten, entstanden, gedanklich eng verwandt auch mit Philo.[139] Darin findet sich eine Erklärung des Todes, die nicht die Frau, sondern den Teufel dafür verantwortlich macht:

"23 Gott hat den Menschen zur Unvergänglichkeit erschaffen
und ihn zum Bild seines eigenen Wesens gemacht.
24 Doch durch den Neid des Teufels kam der Tod in die Welt,
und ihn erfahren alle, die ihm angehören." (Weish 2,23f EÜ)

Die beiden große Themen dieser Spätzeit, die Ursache für das Böse und die Herkunft des Todes, werden somit verschieden gedeutet. Es gibt im Grunde zwei Stränge, die sich aber zuweilen

---

[138] KÜCHLER a.a.O. 218.

[139] Für Dieter GEORGI, Weisheit Salomos (JSHRZ III/4), Gütersloh 1980, 394, ist es eine gnostische Schrift, und zwar die älteste, die wir besitzen. Dies zeigt, daß die Bereiche nicht klar abzugrenzen sind, und zwar weder die Weisheits-literatur von den Apokryphen noch die Apokryphen von der Gnosis, es sind alles nur ungefähre Einordnungen.Vgl. dazu neuerdings auch Armin SCHMITT, Weisheit (Die Neue Echter Bibel), Würzburg 1989.

auch überschneiden: das Böse wird mit der Frau verbunden, indem die Frau ganz allgemein als Ursache von Sünde und Tod bezeichnet wird. Der zweite Strang, wie er hier vorliegt, macht dafür den Neid des Teufels verantwortlich. An die Stelle der Schlange von Gen 3 ist um die Zeitenwende häufig der Teufel getreten, eine dem AT selbst fremde, von außen herkommende Vorstellung.[140]

Gelegentlich werden in der weiteren Tradition diese beiden Stränge verbunden, d.h. die Frau in enge Beziehung gesetzt zum Teufel bis zur (Fast-)Identifizierung, so manchmal in der späteren christlichen Kunst, wo Schlange und Frau das gleiche (weibliche) Gesicht haben.[141] Wenn auch die Schlange, die im Hebräischen männlich ist - der lateinischen Sprache zum Trotz (serpens m.) - in christlichen Deutungen das Geschlecht wechselt, so tut dies der weiteren frauenfeindlichen Interpretation keinerlei Abbruch: Die eigentliche frauenfeindliche Intention bleibt, die Bilder wechseln.

So führt von diesen spätantiken Interpretationen der Genesis-Texte ein direkter Weg zu den frauenverachtenden und Exzesse auslösenden Aussagen im "Hexenhammer".[142]

---

[140] Vgl. dazu SCHMITT a.a.O. 25f.

[141] Zur Wirkungsgeschichte Evas in der Kunst vgl. die Dissertation von Monika LEISCH-KIESL, Eva in Kunst und Theologie des Frühchristentums und des Mittelalters, Dissertation Salzburg 1990; jetzt auch: Dies., Eva als Andere, Eine exemplarische Untersuchung zu Frühchristentum und Mittelalter, Wien 1992.

[142] S. o. S. 14ff.

Herkunft der frauenfeindlichen Argumente

Daß es in der Spätzeit des AT, vor allem ab dem 2. Jh. v. Chr. bis in die christliche Zeit hinein, zu einer Häufung von verschiedenen Argumentationsketten gegen die Frau gekommen ist, die sich gelegentlich in ihrer Wirkung sogar potenzieren, ist deutlich geworden. Besonders verhängnisvoll daran ist, daß die Argumente *theo*logisch, das heißt als von Gott verfügt, die Unterordnung und Minderwertigkeit der Frau zu begründen versuchen. Aus der Verbindung unterschiedlichster Strömungen und Kulturen kommt es in dieser Zeit zu einer für die Frau äußerst verhängnisvollen Mischung von Argumenten.[143] Diese unterschiedlichen Strömungen der Spätantike sind zum Teil leibfeindlich und frauenfeindlich und fast immer dualistisch. Insgesamt sind sie weder biblisch noch christlich. Bei der Um- und Neuinterpretation bestimmter Erzählungen innerhalb dieser Zeitströmungen befaßten sich die Schriftsteller besonders gern mit Frauengestalten aus der Tradition und deuteten diese um. Häufig braucht es nur eine leichte Drehung ins Negative, um die Aussage insgesamt zu verändern. Zwei Strömungen dieser Spätzeit sind bezeichnend: einmal die *Erotisierung* der alten Erzählungen, dann die *Dämonisierung* von Eros und Schönheit.[144] Die Gefährlichkeit von Eros und Schönheit immer wieder zu thematisieren, gehörte geradezu zu den Modeströmungen der Zeit. (Deswegen auch die Betonung von Schmuck und allen möglichen Anspielungen auf die Verführungskünste der Frauen.) Während im Alten Testament selbst Schönheit positiv gesehen wird (David war ein betont schöner Mann; Sara, die Stammutter, eine äußerst schöne Frau; Schönheit ist ein Epitheton Gottes, tob = gut/schön ist im Hebräischen auch sprachlich nicht getrennt, es ist ein Wort!) und etwas Gutes ist, das Männern und Frauen gleichermaßen zugeordnet wird, wird nun in dieser Spätzeit Schönheit als etwas Gefährliches gesehen und in den Zusammenhang mit "Verführung" gestellt. Da gleichzeitig die alten Erzählungen erotisiert werden, vor allem die

---

[143] Diese Entwicklung ist erst in groben Zügen zu erfassen, für die genauere wissenschaftliche Aufarbeitung fehlen zur Zeit noch fast sämtliche Einzelstudien. Das liegt zum großen Teil daran, daß an der Fragestellung (von männlicher Seite) kein *Interesse* bestand.
Vgl. aber Peter BROWN, The Body and Society. Men, Women and Sexual Renunciation in Early Christianity, London 1989.

[144] Dazu vgl. besonders KÜCHLER a.a.O. 127ff; 220ff.

Paradiesgeschichte, wird dieser negative Akzent für die Frau sozusagen verdoppelt. Die Frau wird nun durch ihre besondere Schönheit und ihre erotische Ausstrahlung zu einer Gefahr für den Mann, zu einer Verführerin, vor der es gilt, auf der Hut zu sein. Durch diese neue Brille - man glaubt, geradezu modern zu sein! - werden nun die überlieferten Erzählungen, allen voran wieder die Erzählung vom sog. Sündenfall, gelesen. Eine überaus verhängnisvolle Rolle bei dieser Auslegung hat, wie oben gezeigt, der Text von Gen 6,1-4 gespielt, die mythische Erzählung von der Vermischung der Göttersöhne mit den Menschentöchtern. Diese Geschichte, die der biblische Schriftsteller vor der Sintflut-Erzählung einschiebt, um das Anwachsen der Sünde auf Erden zu illustrieren, schreibt den Frauen nicht die geringste Aktivität zu. Sie wird nun aber in diesen späten Darstellungen als Verführtwerden der Himmelswesen durch die schönen Erdenfrauen interpretiert, so daß sich die Himmlischen vor den gefährlichen Übergriffen der irdischen Frauen schützen müssen. Auf dem Hintergrund solcher Interpretation ist dann auch das Schleiergebot im Neuen Testament zu sehen: Die Frauen müssen ihren Kopf bedecken, weil sie sonst eine Gefahr für die Engel darstellen!

Dies alles hat viel zu tun mit unseren Genesistexten. Durch die Erotisierung der Schönheit und die Herausstellung der Frau als Verführerin ist der Schritt dann nur noch klein, die Frau *grundsätzlich* mit dem Bösen in Verbindung zu bringen. Die sexuelle Begierde, die nun einfach mit der Frau identifiziert wird, wird zum Eingangstor für das Böse in dieser Welt überhaupt erklärt. Wird dies verallgemeinert, so entstehen Sätze wie der bei Jesus Sirach:

"Von einer Frau nahm die Sünde ihren Anfang,
ihretwegen müssen wir alle sterben."
(Sir 25,24 EÜ)

Dieser Satz, der auch eine der vielen Genesisinterpretationen auf dem Hintergrund der Strömungen seiner Zeit darstellt, ist lediglich die Spitze eines Eisbergs; er hat wie wenige eine lange und verheerende Wirkungsgeschichte zur Folge. Weil dieser Satz auch im Kanon der Hl. Schrift, wie ihn die Septuaginta, die griechische Übersetzung, darstellt, enthalten ist, bildet er sozusagen eine Brücke vom Alten zum Neuen Testament. Kann es - angesichts des Elends, das dieser Satz und die dahinterstehende Haltung während gut zweitausend Jahren angerichtet haben - ein Trost sein, daß er den biblischen Text nicht sachgemäß, sondern falsch interpretiert hat?[145]

Anders als die zahlreichen frühjüdischen Erzählungen über Adam,[146] die nie dazu geführt haben, das Selbstbewußtsein oder die Machtposition der Männer einzuschränken, haben die apokryphen Auslegungen der Eva-Erzählung somit bereits in vorneutestamentlicher Zeit angefangen, die Frau insgesamt abzuwerten, sie als die Schwächere, die Verführbarere usw. darzustellen.[147] Die lange Wirkungsgeschichte solcher Argumente gehört *mit* zur Auslegung des biblischen Textes. Es ist nämlich nicht so, daß die alten Argumente keine Rolle mehr spielen, auch dort nicht, wo man sich aufgeklärt darüber lustig macht. Wie gezeigt wurde, spielen sie bis in die neueste Zeit eine große Rolle, und zwar bis in akademische Schriften hinein. Es geht hier nicht um Schuldzuweisungen, sondern darum, wie eine lange ver-kehrte Interpretation verarbeitet, richtiggestellt und in ihren Wirkungen *unschädlich* gemacht werden kann, und zwar nicht nur für Frauen, sondern auch für Männer. Aus diesem Grund habe ich mit der Wirkungs- und Rezeptionsgeschichte begonnen, denn wir sind alle in irgendeiner Weise davon mitgeprägt.

Diese Wirkungsgeschichte konnte nur in groben Zügen dargestellt werden. Vieles, vor allem Material, das sich nicht auf Gen 1-3 bezieht, mußte weggelassen werden. So bekam z.B. in den ersten christlichen Jahrhunderten die frauenfeindliche Sicht noch einmal Unterstützung durch die antike Geschichte der *Pandora*. Kirchenväter wie Origenes, Tertullian, Johannes Chrysostomus, Gregor von Nazianz u.a. verbinden diese Geschichte, nach der alle Übel durch eine Frau in die Welt kommen, mit der oben beschriebenen negativen

---

[145] Vgl. dazu KÜCHLER a.a.O. 216ff.

[146] Zur jüdischen Adamstradition, wo die Verherrlichung der Adamsgestalt eine besondere Rolle spielt, vgl. u.a. Peter SCHÄFER, Art. Adam II. Im Judentum, in: TRE I (1977), 424-427.

[147] Die fast tausendseitige Dissertation von Hans-Günter LEDER, Die Auslegung der zentralen theologischen Aussagen der Paradieserzählung (Gen 2,4b-3,24) in der ältesten Literatur des Judentums und in der Alten Kirche, Teil I: Die Paradieserzählung im Alten Testament, im Judentum und im Neuen Testament, Greifswald 1960, bringt zwar zahllose interessante Einzelbeobachtungen, hat aber ein ganz anderes Ziel als vorliegende Studie, nämlich die Entstehung des Dogmas aufzuzeigen. Von der feministischen Fragestellung ist der Verfasser noch ganz unberührt.

Genesis-Interpretation.[148]

Eine weitere Akzentverschiebung trat ein, nachdem (zuerst durch Irenäus) analog zur Typologie Adam - Christus die Parallele Eva - Maria gebildet wurde. Diese negativen Verschärfungen sind im Judentum nicht zu beobachten. Vielmehr gab es dort die Tradition von Lilith, der ersten Frau Adams.[149]

Im zweiten Teil soll nun untersucht werden, was die Texte selbst aussagen, wenn man sie in ihre Zeit einordnet und versucht, von den vielen in der Tradition verfestigten Elementen abzusehen.

---

[148] Vgl. dazu John A. PHILLIPS, Eva. Von der Göttin zur Dämonin, Stuttgart 1987, 26ff; Hermann TÜRCK, Pandora und Eva, Menschwerdung und Schöpfertum im griechischen und jüdischen Mythus, Weimar 1931.

[149] Vgl. dazu besonders Raphael PATAI, The Hebrew Goddess, Philadelphia 1967, 207ff.

Zweiter Teil:
Die Texte

Vorbemerkung zur Exegese

In der Renaissance und frühen Neuzeit, vor allem im Gefolge der Aufklärung, haben sich exegetische Methoden herausgebildet, die manche der in der Tradition gebrauchten Argumente automatisch erledigen. Für die Weisheitsliteratur gilt zum Beispiel, daß seit über hundert Jahren eine Fülle von außerbiblischem Material zutage gekommen ist, das früheren Jahrhunderten unbekannt war. Dadurch wird das Bild der Spätzeit Israels sowohl bereichert als auch relativiert. Denn sehr vieles aus der biblischen Spruchweisheit stammt direkt aus gemeinorientalischen Quellen. Dabei sind Sinn und Zielsetzung solcher didaktischer Literatur zu beachten. Die Schriften sind überwiegend zur Bewältigung von Lebenssituationen einer ganz bestimmten Zeit entstanden und können und wollen keine allgemeinverbindlichen Wahrheiten für alle Zeiten darstellen. Wo sie als dogmatische Aussagen verwendet werden, verfehlen sie ihren Zweck. Dies gilt insbesondere für die vielen frauenfeindlichen Stellen in der Weisheitsliteratur, im Buch Kohelet und Jesus Sirach. Gerade diese Bücher benutzen viele Topoi der gemeinorientalischen Weisheit, und dazu gehörte die Warnung vor der fremden Frau mit all ihrem Spott und ihrer antiken Frauenverachtung. Der Sitz im Leben solcher Literatur, die Erziehung der männlichen Jugend, ist dabei immer zu beachten. In Männerkreisen, zum Beispiel in Kasernen, kursieren auch heute noch ähnliche Sätze wie die oben zitierten von Kohelet.[150]

Aus anderen situationsbedingten Lebenslehren, zum Beispiel der weisheitlichen Warnung vor dem Weingenuß, hat man nicht so allgemeine Schlüsse gezogen wie bei den Warnungen vor der Frau: In der Tradition ist es nie jemandem in den Sinn gekommen, etwa den Wein grundsätzlich schlecht zu machen und ihn abzulehnen, weil man ihn mißbrauchen kann - im Gegenteil!

Während im Bereich der späteren Weisheitsliteratur der Akzent mehr auf den altorientalischen Parallelen und der Zielsetzung der Texte liegt, sind bei den Genesistexten die Akzente anders zu setzen. Bei der Entwicklung der historisch-kritischen Methode kommt es zu einer ganz neuen Art von Behandlung der biblischen Texte. Eines der ersten Ergebnisse ist die Unterscheidung der Erzählungen von Gen 1 einerseits und Gen 2 und 3 andererseits. Die beiden Erzählungen von

---

[150] Siehe S. 68f.

der Erschaffung des Menschen werden nun nicht mehr als fortlaufende gelesen, wie dies die gesamte Tradition getan hatte. Verhängnisvoll war dabei besonders, daß Gen 2 und 3 *nach* Gen 1 zu stehen kamen, somit als Interpretation von Gen 1 gelesen wurden. Die moderne Forschung hat gezeigt, daß es sich umgekehrt verhält: man hat den zeitlichen, den literarischen und den gattungsmäßigen Unterschied der beiden Quellen erkannt.

Daß es sich bei den Texten nicht um Geschichte, sondern um eine andere Art von Erzählung handelt, haben schon Spinoza (1632-1677)[151], Herder (1744-1803)[152] u.a. aufgezeigt. Auch heute noch sind die grundlegenden Ergebnisse dieser Frühzeit gültig, daß nämlich Gen 2 und 3 älter sind und von einem anderen Verfasser stammen müssen als Gen 1.[153] Damit sind die traditionellen Verhältnisse umgekehrt. Gen 1, der sog. priesterschriftliche Schöpfungsbericht, hat somit auch die Funktion, die Aussagen von Gen 2 und 3 zu ergänzen und zu korrigieren. Daß gerade dieser Text programmatisch an den Anfang der Bibel zu stehen gekommen ist, ist ein Indiz für die Wichtigkeit seiner theologischen Aussagen, die betonen, daß Mann und Frau in gleicher Weise und gleichzeitig als Bild Gottes geschaffen und mit dem gleichen Segen und Herrschaftsauftrag über die Erde ausgestattet sind. Darauf wird noch im einzelnen eingegangen. Es soll hier mit den älteren Texten begonnen werden.

---

[151] SPINOZA bezeichnet die sog. Paradiesgeschichte als Parabel, vgl. besonders seinen Tractus theologico-politicus (1670), Kap. 7 und 8.

[152] HERDER nennt Gen 2 eine Sage und die Sprüche über die Frau eine Art Ätiologie, vgl. besonders "Vom Geist der ebräischen Poesie. Eine Anleitung für die Liebhaber derselben, und der ältesten Geschichte des menschlichen Geistes" (1782/83). Schon in seiner unvollendeten Abhandlung "Älteste Urkunde des Menschengeschlechts" (1774/76) hatte sich Herder mit den ersten Genesiskapiteln befaßt.

[153] Hinzuweisen ist auch auf den Franzosen und katholischen Oratorianer Richard SIMON, der bereits 1678 erste Ergebnisse hierzu veröffentlicht hat (Histoire critique du Vieux Testament).

Genesis 2 und 3

Die Urgeschichte des Jahwisten

Zusammenhang

Die beiden Genesis-Kapitel dürfen nicht isoliert betrachtet werden.
Ihr Verfasser hat nämlich ein größeres Werk komponiert, die sog.
Urgeschichte, die von Gen 2 - 11 geht, der Erzählung vom Turmbau
zu Babel.[154] In dieser Urgeschichte zeigt er die Entfremdung zwischen
Gott und Mensch einerseits und zwischen den Menschen andererseits,
ebenso zwischen dem Menschen und der Schöpfung in den verschiedensten Facetten auf. Die Sündenverfallenheit der Menschen ist also
gar nicht an der sogenannten Paradies-Erzählung[155] allein
festzumachen, sie ist ein so umfassendes Phänomen, daß *eine*
Erzählung dafür nicht ausreicht. Es werden ganz unterschiedliche
Ansätze, ganz verschiedene Erzählungen gebraucht, um diese zu
umschreiben. Ebenso wie die Geschichte vom Garten Eden gehört
hierzu die Erzählung vom Brudermord (Kain und Abel) und die
Auflehnung gegen Gott in der Turmbauerzählung. Besonders eng ist
die Verbindung zwischen Gen 3 und 4. Zwar liegt dazwischen ein
Einschnitt, insofern nun in Gen 4 die Vermehrung der Menschen und
die damit entstehenden Probleme größerer Gruppen geschildert
werden. Trotzdem handelt es sich dabei jedoch noch um
Urgeschichte, d.h. um Vorgänge, die vor und außerhalb des
geschichtlich Greifbaren stattfinden. Daß ab Kapitel 4 von Individuen
gehandelt wird und nicht mehr nur von Gattungswesen - hier werden
nun erstmals Namen genannt, Adam wird zu einem Eigennamen, die

---

[154] Zur Auseinandersetzung um den *Umfang* dieser Urgeschichte vgl. besonders
Erich ZENGER, Beobachtungen zu Komposition und Theologie der
jahwistischen Urgeschichte, in: Dynamik im Wort. Lehre von der Bibel. Leben
aus der Bibel, Festschrift aus Anlaß des 50jährigen Bestehens des Katholischen
Bibelwerks in Deutschland (1933-1983), Stuttgart 1983, 35-54. Für Zenger geht
die jahwistische Urgeschichte von Gen 2,4b-8,22; die Erzählung vom Turmbau
(Gen 11,1-9) hält er für "nachjahwistisch" (a.a.O. 54, Anm. 63).

[155] Das Wort "Paradies" kommt in Gen 2 und 3 nicht vor. Es ist ein Lehnwort
aus dem Altiranischen. Unsere Erzählung redet dagegen vom Garten bzw. vom
Garten Eden (im Osten). Das Wort "Paradies" soll darum im Folgenden
vermieden und mit "Erzählung vom Garten Eden" o.ä. umschrieben werden.

Frau wird zu Eva - , gehört notwendig dazu. Sobald von Zeugung und Geburt die Rede ist, läßt sich nur noch von Individuen erzählen. Auch in den Mythen ist das so: Sobald Götter und Göttinnen zeugen und Kinder gebären, brauchen sie Namen und individuelle Schicksale.[156] Der Gott des Jahwisten (J) wird geschildert als einer, der immer wieder für die Menschen eintritt, indem er ihre Zerstörungswut bremst. Durch Begrenzung der Lebenszeit in Gen 6,1-4 verhindert er zum Beispiel, daß die Menschen sich selbst zugrunderichten.

In diesen Sünden- und Abfallgeschichten stehen zumeist *Männer* im Zentrum: Kain und Abel, der Konkurrenzneid der ersten Brüder und der erste Mord (Gen 4), der rachsüchtige Lamech (Gen 4,17ff), die "Göttersöhne", die sich an den Menschentöchtern vergreifen (Gen 6,1-4), und schließlich die Männer, die einen Turm bauen, um sich einen Namen zu machen und von Gott unabhängig zu werden (Gen 11). Einzig in Gen 3 spielt eine Frau die aktive Hauptrolle. Die Frau steht im Zentrum, während der Mann in dieser Erzählung völlig passiv ist. Daß die christliche Tradition gerade diese Geschichte ausgewählt hat, um den sog. Sündenfall festzumachen, hat seinen Grund in der vorher ausgeführten spätantiken Rezeption dieser Geschichte: eben weil hier die Frau die aktive Rolle spielt, war dies den frauenfeindlichen Strömungen der letzten vorchristlichen Jahrhunderte ein willkommener Anlaß, in dieser Erzählung die damals aufgekommene beliebte Dreiheit von Frau - Sexualität - Sünde zu finden bzw. diese erst zu konstruieren. Denn von Sexualität ist im Text des Jahwisten nicht die Rede. Auf welch verschlungenen Wegen die Interpretation dahin kam, wurde oben aufgezeigt. Daß die jahwistische Erzählung in der ganzen alttestamentlichen Tradition selbst, wo ja häufig genug von Sünde und Schuld die Rede ist, keine Rolle spielt, sollte doch zu denken geben. Kein einziger prophetischer Text aus dem Alten Testament bringt auch nur eine Anspielung auf die Frau in Gen 3! Die Identifikation der Frau mit der Sünde stammt somit nicht aus dem Text der Genesis, sondern ist gerade Produkt

---

[156] Anders als Zenger grenzt Christoph DOHMEN, Schöpfung und Tod. Die Entfaltung theologischer und anthropologischer Konzeptionen in Gen 2/3, Stuttgart 1988, Gen 3 stärker von Gen 4 ab, obwohl gerade terminologisch diese beiden Kapitel sehr eng verbunden sind. Gen 2/3 bezeichnet Dohmen als "allgemeine Setzungsgeschichte" (= Protologie), die restliche Urgeschichte bis zur Flut als *Vor*geschichte (236f). Dies versucht der Verfasser auch anhand der Gottesbezeichnung Jahwe-'elohim in Gen 2/3 zu belegen (a.a.O. 229ff). Eine solche Abgrenzung hat erhebliche systematisch-dogmatische Brisanz!

einer späteren Fehlinterpretation, die dann von der christlichen Tradition einfach übernommen wurde.

Die Bibel wurde also selektiv gelesen und die Texte dazu auch noch gegen ihre eigene ursprüngliche Intention interpretiert. Nur so konnte es zu den verhängnisvollen Aussagen über die Frau kommen. Demgegenüber muß die Urgeschichte als Ganzes wieder ernstgenommen werden. Sie ist eine Art von Erzählung mit einer anderen Absicht als die Geschichtserzählung, wie die moderne Gattungsforschung erarbeitet hat. Durch die gattungsmäßige Einordnung werden alle Einzelaussagen grundlegend verändert. Weder aus dem Ort der Erschaffung noch aus der Reihenfolge (der Mann vor der Frau) noch aus dem Material können theologische Schlußfolgerungen oder sogar Wertungen vorgenommen werden, wie es die Tradition getan hat, und zwar weder für die eine noch für die andere Seite! Gerechterweise kann dann auch nicht die Sündenerzählung von Gen 3, weil sie als erste steht, ein besonderes Gewicht beanspruchen. Wenn man mit Westermann den ganzen Komplex als Urgeschichte sieht, so heißt das, sie "gehört als Urgeschehen zu einem Aspekt der Wirklichkeit, in dem Geschehendes auf eine andere Weise dargestellt wird als das, was wir unter Geschichte verstehen ..."[157]. Es geht ihr vor allem um ätiologische Fragestellungen, die Antwort geben wollen auf die Frage, wie der Mensch ist, wie er immer ist und wie er auch am Anfang war. Es geht um die existentielle Frage: "Warum ist der von Gott geschaffene Mensch ein von Tod, Leid, Mühe und Sünde begrenzter Mensch?"[158]

Im folgenden sollen nun besonders jene Stellen des jahwistischen Textes, die in der Tradition deshalb eine besondere Rolle spielten, weil die Frau hervorgehoben ist, betrachtet werden.

---

[157] Claus WESTERMANN, Genesis (BK I/1), 376.
[158] a.a.O. 377.

Quelle und Überlieferungsstoffe

Die Quelle J, zu der Gen 2 und 3 gezählt werden, ist zur Zeit stark umstritten.[159] Dies gilt sowohl für ihren Umfang als auch für ihre zeitliche Ansetzung. Es macht für die Interpretation selbstverständlich einen Unterschied, ob man die Entstehung dieser Geschichten an das Ende der Regierungszeit Salomos (10. Jh. v. Chr.) ansetzt oder Jahrhunderte später in die Königszeit, sogar bis nahe ans Exil, wie es neuere Exegeten tun.[160] Jedoch gibt es auch keine ernsthafte Stimme, die Gen 2f dem Jahwisten abstreitet, wenn auch spätere Überarbeitungen angenommen werden.[161]

Der Jahwist - wer immer das sei - zeigt eine ganz bestimmte Tendenz in seiner komplizierten Komposition, denn die Erzählungen sind nicht aus einem Guß. Das sieht man an den vielen Widersprüchen, die vor allem in der langen Tradition immer wieder Anlaß zu subtilen Lösungsversuchen gegeben haben. So enthalten z.B. die Erzählungen verschiedene Bezeichnungen sowohl für den Mann als auch für die Frau. Oder es ist aufgefallen, daß Gott das Verbot, von dem Baum zu essen, vor der Erschaffung der Frau gegeben hat. Die Frau konnte es also für ein naives Bibelverständnis gar nicht kennen. Genau sie jedoch übertritt dann zuerst das Verbot. Solche Probleme sind relativ einfach zu lösen. Der Verfasser hat verschiedenes, was er in der Tradition vorgefunden hat, zu einer neuen Erzählung verarbeitet. Und die Nahtstellen lassen sich noch gut erkennen.

Nun haben wir das Glück, daß beim Propheten Ezechiel ein ähnlich alter Mythos von der Urzeit überliefert wurde, in dem nur ein männliches Wesen eine Rolle spielt. Es heißt in Ez 28, daß ein König

---

[159] Zur Problematik der jahwistischen Quellenschrift vgl. zuerst Hans Heinrich SCHMID, Der sog. Jahwist. Beobachtungen und Fragen zur Pentateuchforschung, Zürich 1976. Einen Überblick über die neuere Diskussion gibt Erich ZENGER, Wo steht die Pentateuchforschung heute? Ein kritischer Bericht über zwei wichtige neuere Publikationen, in: BZ 24 (1980), 101-116. Die neuesten Auflagen der alttestamentlichen Einleitungen machen bereits auf die unterschiedlichen zeitlichen Ansetzungen des J aufmerksam.

[160] Vgl. auch Erich ZENGER, Das jahwistische Werk - ein Wegbereiter des jahwistischen Monotheismus?, in: Ernst HAAG (Hg.), Gott, der einzige. Zur Entstehung des Monotheismus in Israel (QD 104), Freiburg 1985, 26-53, besonders 26, Anm. 1.

[161] Vgl. zuletzt die "knappe Pentateuchskizze" bei DOHMEN a.a.O. 201f.

a) vollendet geschaffen wurde und auf einem Gottesberg lebt;
b) in einen Gottesgarten versetzt wird;
c) sündigt (durch Hochmut);
d) vertrieben wird (dabei spielen Kerube eine Rolle).

Dieser traditionsgeschichtlich älterer Bericht hat die gleiche Grundstruktur wie Gen 2 und 3:

'adam (Mensch) wird geschaffen und in einen Garten gesetzt;
'adam erhält ein Verbot;
'adam übertritt das Verbot;
'adam wird aus dem Garten vertrieben, Kerube bewachen den Zugang.

Ähnliche Erzählungen gab es auch in der Umwelt Israels.[162] Viele Widersprüche und Unstimmigkeiten der Erzählung des Jahwisten werden somit erklärbar (die Frau kann das Gebot nicht kennen, weil es an 'adam erging; Gott fragt nach der Übertretung des Verbots: " 'adam, wo bist du?", als wäre die Frau gar nicht vorhanden), weil der Verfasser die Frau in eine Vorlage, die nur 'adam enthielt, eingearbeitet hat.

Auf ähnliche Weise läßt sich das Problem der verschiedenen Bäume im Garten lösen. Die überlieferten Stoffe, die der Jahwist vorgefunden hatte, enthielten nicht nur für den Urmenschen die Bezeichnung 'adam. In vielen Erzählungen aus dem Alten Orient spielt auch der Lebensbaum eine Rolle. Der jahwistische Text hat jedoch *zwei* Bäume in der Mitte des Gartens, die sich in eigenartiger Weise Konkurrenz machen: den Baum des Lebens und den Baum der Erkenntnis. Wie 'adam hat der Verfasser den Baum des Lebens, der zur altorientalischen Urweltvorstellung gehört, übernommen und im Text stehenlassen, so daß es zu dem Nebeneinander der beiden Bäume kommt. Sein eigenes Interesse wird aber am Baum der Erkenntnis von Gut und Bös deutlich.

Ergebnis dieser kurzen traditionsgeschichtlichen Betrachtungen ist

---

[162] Vgl. dazu u.a. Die Schöpfungsmythen. Ägypter, Sumerer, Hurriter, Hethiter, Kanaaniter und Israeliten, mit einem Nachwort von Mircea ELIADE, Darmstadt 1977;
für die auf die Frau in Gen 2f vorhandenen altorientalischen Parallelen die Dissertation von Sarah ROTH LIEBERMAN, The Eve Motif in the Ancient Near Eastern and Classical Greek Sources, Boston 1975, besonders 8-80.

somit: die Frau ist sicher ein spezifisches Anliegen des Jahwisten! Lösen wir die Stellen mit der Erschaffung der Frau und den Dialog Frau - Schlange sowie die "Strafsprüche" aus der Komposition heraus, so hätten wir eine in sich schlüssige Erzählung, wie sie auch an anderen Orten überliefert ist. Ist die Frau das spezifische Anliegen des Jahwisten, dann ist nach dem Grund zu fragen und nach der Aussage, die der Verfasser für seine Zeit damit machen will. Dies soll im folgenden zuerst an der Szene über die Erschaffung der Frau und dann am Text von Gen 3 untersucht werden. Es ist nicht angestrebt, Gen 2 und 3 in allen Aspekten und unter Berücksichtigung sämtlicher moderner Forschungsversuche auszulegen; ich beschränke mich auf das gestellte Thema.[163]

Die Erschaffung der Frau nach Genesis 2

Mensch und Mann

Bei der Erschaffung von 'adam, wie sie sich sicher in den vom Jahwisten benutzten Überlieferungsstoffen vorfand, wird mit dem Wortspiel 'adam - 'adamah operiert. Der Mensch ('adam) wird aus der Ackererde ('adamah) geformt und dann von Jahwe-Gott zu einem lebendigen Wesen gemacht. Dieser Vorgang, der Vorbilder im Alten Orient, aber auch in Ägypten hat[164], zeigt die Zusammengehörigkeit von Mensch und Erde, seine Erdverbundenheit, aber auch seine Verwiesenheit auf den Acker. 'adam könnte man auch mit "Erdling" wiedergeben.[165] Hier klingt auch schon an, was am Schluß der Erzählungen von Gen 2 und 3 dann explizit ausgesprochen ist, daß 'adam aus der Erde stammt und wieder dahin zurückkehren muß, also

---

[163] Die Literatur zu Gen 2 und 3 ist unüberschaubar. Die vollständigste Zusammenstellung findet sich bei WESTERMANN, Genesis (BK I/1) 97ff sowie bei WESTERMANN, Genesis 1-11 (Erträge der Forschung 7) Darmstadt 1972, XIIIff; neuere Literatur auch bei DOHMEN a.a.O.

[164] Zu der Vorstellung von Chnum mit der Töpferscheibe in Ägypten vgl. vor allem Die Schöpfungsmythen (s . Anm. 162), besonders 61f, zum Alten Orient insgesamt Walter BEYERLIN (Hg.), Religionsgeschichtliches Textbuch zum AT (Grundrisse zum AT 1), Göttingen [2]1985.

[165] Zur Beziehung 'adam - 'adamah vgl. auch ZENGER a.a.O., besonders 48ff.

sterblich ist.

Daß 'adam nicht *Adam* heißt und auch nicht *Mann*, muß immer wieder betont werden. Einmal ist es ein Gattungsbegriff und bezeichnet nie ein Einzelwesen. Sodann würde die Beschränkung auf den Mann bedeuten, daß die Frau von der Sterblichkeit ausgeschlossen, sie also dem Geschick des 'adam, wieder zur 'adamah zurückkehren zu müssen, nicht unterworfen wäre. 'adam bezeichnet somit in Gen 2 "Mensch, Menschheit" ganz allgemein; dies verändert sich erst durch die Szene von der Erschaffung der Frau. Aus diesem Grund, wegen der Unbestimmtheit und Offenheit von 'adam auf beide Geschlechter, wurde bereits in der Antike die Frage diskutiert, ob es sich dabei vielleicht um ein androgynes Wesen gehandelt habe. Dieses Problem, das um die Zeitenwende anhand der biblischen Texte, aber auch unter griechisch-hellenistischem Einfluß diskutiert wurde, hat explizit bei Philo von Alexandrien Ausdruck gefunden.[166] Gen 2 spricht meiner Meinung nach jedoch nicht von einem androgynen Menschen, sondern von einem noch unbestimmten, auf beide Geschlechter hin offenen Wesen, das mit der Erschaffung der Frau ('iššah) dann deutlich in zwei Geschlechtern erscheint. Sicher ist - was immer die Vorlagen des Jawisten gemeint haben - , daß sich mit der Szene von der Erschaffung der Frau das Wesen von 'adam verändert.

Die "Rippe"

Wichtig für die nun erzählte Erschaffung der Frau ist die Feststellung Gottes, daß es für 'adam nicht gut sei, allein zu sein. Der Mensch stellt dies nicht selbst fest, vielmehr ist es Jahwe-'elohim, der die Schöpfung von "Mensch" als noch nicht abgeschlossen sieht. Erst in Gemeinschaft mit anderen wird der Mensch ein voller Mensch. Deswegen werden nun zunächst die Tiere erschaffen. Damit liegt wiederum gemeinorientalisches Traditionsgut vor und nicht ein naives Gottesverständnis, das Gott experimentieren ließe, weil er nicht wüßte, was der Mensch wirklich braucht. Vielmehr ist schon im Gilgamesch-Epos die Gemeinschaft mit den Tieren und dann auch die Abgrenzung des menschlichen Helden von diesen ein wichtiger Schritt in der Mensch- und Kulturwerdung. Solches war dem

---

[166] S.o. S. 39f.

Verfasser bekannt. Indem der Mensch die Tiere benennt und sich von ihnen abgrenzt - es geht ja auch um die Zeit, in der die Tiere erst noch gezähmt werden mußten! - , erkennt er seine Verschiedenheit von ihnen. Unter den Tieren findet sich nicht, was ihm ein "Gegenüber" sein könnte, das ihm "entspricht".

So nimmt Gott einen Teil des Menschen selbst und baut daraus eine Frau.

Das Wort für Rippe, ṣelaᶜ (Seite, Brett, Tragbalken), hat Stoff für viel Diskussion und manche Theorien gegeben. Vermutlich handelt es sich um ein sumerisches Wortspiel. Im Sumerischen kann NINTI "die Frau der Rippe" wie die "Frau, die Leben schafft" bedeuten.[167] Vielleicht hat der Jahwist diesen Begriff gerade wegen seiner Doppeldeutigkeit aufgenommen. Gott entnimmt ʾadam ein festes Bauteil und baut daraus eine Frau. Das Verb für die Erschaffung der Frau ist ein anderes als bei ʾadam, es geht hier um Bauen (banah), mit einem Verb, wie es auch in akkadischen und ugaritischen Texten für das schöpferische Handeln Gottes gebraucht wird. Für das hebräische Denken muß als Bauelement etwas Festes dasein.[168] So nimmt Gott hier ein festes Bauelement und baut daraus eine Frau.[169]

Die ganze Szene mit der Rippe ist auf ein bestimmtes Erklärungsziel ausgerichtet. Der Jahwist erzählt ätiologisch. Ziel ist die Verwandtschaftsformel in V. 23, wie sie sich auch anderswo im AT findet (Gen 29,14; 2 Sam 5,1; 19,13f). Damit wird eine enge Zusammengehörigkeit und Gleichheit ausgesagt:

---

[167] Bei Ernst HAAG, Der Mensch am Anfang. Die alttestamentliche Paradiesvorstellung nach Gen 2-3, Trier 1970, wird neben dieser sumerischen Deutung auch noch eine andere, bei der die gekrümmte Rippe mit dem Mond in Verbindung gebracht wird, referiert. Beide Deutungsversuche werden vom Verfasser abgewiesen.
Etwas vereinfacht und mit der Wirkungsgeschichte vermischt sind diese Deutungen vorgestellt bei PHILLIPS (s. Anm. 148), 35-46.

[168] Man vergleiche dazu Ez 37: das Äußerste, das Letzte, was noch da sein muß, damit die rûah, Gottes schöpferische Lebenskraft, es wieder lebendig machen kann, sind die Knochen, die Gebeine, und diese sind ganz dürr. Vgl. dazu Helen SCHÜNGEL-STRAUMANN, Rûah bewegt die Welt. Gottes schöpferische Lebenskraft in der Krisenzeit des Exils (SBS 151), Stuttgart 1992.

[169] Alles, was die Wirkungsgeschichte aus dieser Szene machte, ist freie, zum großen Teil böswillige Fantasie. Sogar daraus, daß die Rippe krumm ist, wurde in der Tradition ja der Schluß gezogen, die Frau müsse gekrümmt, in Unterordnung unter den Mann, leben.

"*Diese* ist nun endlich Bein von meinem Bein
und Fleisch von meinem Fleisch!"

Dieser Ausruf des Mannes, der endlich die zu ihm passende
Partnerin gefunden hat, bestimmt den ganzen Abschnitt. Im
Gegensatz zu den Tieren ist die Frau das Gegenüber, das ihm
entspricht. Erst in dem folgenden Zusatz V. 23 wird zum erstenmal
dann die Bezeichnung ʾiš (Mann) gebraucht (s. dazu unten). Weil
Mann und Frau aus gleichem Stoff sind, gehören sie zusammen wie
die beiden Seiten eines einzigen Stückes, und darum fühlen sie sich
immer wieder zueinander hingezogen. Auf diese bildhafte Weise
"erklärt" der Jahwist ein Phänomen, das er vorfindet und das ihn auch
in Erstaunen setzt: die enge Verbindung von Mann und Frau, obwohl
in der konkreten Wirklichkeit dem so vieles entgegensteht. Darauf
geht er dann in Gen 3 ein.

Auf eine Fehlinterpretation, die sich bis in populäre feministische
Arbeiten neuester Art laufend findet, muß eigens eingegangen
werden, nämlich die Erschaffung der Frau aus der Rippe sei eine
Geburt, der Mann maße sich hier an, die Frau aus sich
hervorzubringen.[170] Der Jahwist spricht jedoch nicht von einer
Geburt. Auch wenn viele mittelalterliche Künstler dies so dargestellt
haben, als würde Gott aus der Seite Adams eine formvollendete Eva
hervorziehen,[171] sagt der jahwistische Text etwas ganz anderes aus:
Genauso wie bei ʾadam ist Jahwe-Gott auch bei der Frau der alleinige
Schöpfer. Er baut die Frau aus der ṣelaʿ, so wie er ʾadam aus der
ʾadamah gebildet hatte. ʾadam ist an diesem Schöpfungsakt
unbeteiligt, er liegt ja auch in einem Tiefschlaf, Zeichen für völlige
Passivität; schöpferisch ist wiederum allein Gott. Daß das Material
ein anderes ist als bei ʾadam, liegt an der oben ausgeführten
ätiologischen Zielsetzung. Der Verfasser will das Aneinanderhängen
der Geschlechter, das immer wieder Zueinanderstreben, anschaulich
begründen. Der Akzent liegt für den Verfasser nicht in der Art des
Hervorbringens und auch nicht in der besonderen Technik, sondern in

---

[170] So in den Schriften von Heide GÖTTNER-ABENDROTH, Elga SORGE,
teilweise auch bei PHILLIPS a.a.O.

[171] Dieses Motiv hat andere Vorbilder: Wie aus der Seite Christi die Kirche
geboren wird, so muß nach der Typologie Christus - Kirche auch die erste Eva
aus Adam geboren sein. Vgl. dazu auch LEISCH-KIESL a.a.O. und das
Material bei Roberto ZAPPERI, Der schwangere Mann. Männer, Frauen und die
Macht, München 1984.

89

der Gleichwertigkeit, wie sie im Ausruf des Mannes in V. 23 ausgedrückt wird. Auf der gleichen Linie befindet sich dann auch der spätere Zusatz V. 24:

"Darum wird der Mann seinen Vater und seine Mutter verlassen und seiner Frau anhangen, und sie werden *ein* Leib sein."[172]

Die "Hilfe"

Zweimal bringt Gen 2 den Doppelbegriff ᶜezer kᶜnegdo, eine "Hilfe ihm gegenüber" oder "die ihm entspricht" (V. 18 und 20). Vor allem der erste Begriff ist vielfach in der Tradition so ausgelegt worden, als handele es sich bei der Frau durch diese Näherbestimmung um etwas Untergeordnetes, etwa im Sinne einer Dienstmagd. Bei einer genauen Untersuchung des Begriffs zeigt sich aber nicht nur, daß hier der maskuline Begriff ᶜezer und nicht das gebräuchlichere femininum ᶜezrah gebraucht wird, sondern darüber hinaus, daß ᶜezer an fast der Hälfte aller vorkommenden Stellen von *Gott* verwendet wird, wenn es um die Hilfe geht, die der Mensch selbst nicht leisten kann. Es handelt sich somit um eine besonders qualifizierte Hilfe, genauer um die Abhilfe beim geschilderten Unheilszustand des Alleinseins; schon damit ist hinreichend belegt, daß es sich nicht um etwas Untergeordnetes handeln kann.[173] Es geht auch nicht um "Hilfe" bei

---

[172] Daß dieser Vers ein Zusatz ist, zeigt sich auch aus dem Wechsel der Erzählperspektive: hier spricht der Erzähler, und zwar in der "Rückschau". Die Rede von Vater und Mutter bei den *ersten* Menschen, die gerade erschaffen wurden, ist ja recht unlogisch (vgl. WESTERMANN, Genesis 317f). Gelegentlich wird anhand dieses Satzes auf dahinterliegende matriarchale Zustände geschlossen: denn im AT ist es ja nicht so, daß der *Mann* das Elternhaus verläßt, sondern im Regelfall tut dies die Frau. Doch ist dies durchaus nicht immer eindeutig (vgl. z.B. Ri 14 u.a.). Wahrscheinlich ist hier aber doch eher an die Trennung von Vater und Mutter gedacht, die durch die Ehe, das ganzheitlich gedachte *ein* Leib sein mit der neuen Partnerin, eintritt.

[173] Dies hat Phyllis TRIBLE herausgearbeitet: Gegen das patriarchalische Prinzip in Bibelinterpretationen, in: Elisabeth MOLTMANN-WENDEL (Hg.), Frauenbefreiung. Biblische und theologische Argumente, München 1978 (⁴1986), 93-117, 99ff. Vgl. dazu auch DOHMEN a.a.O. und die dort angegebene Fachliteratur; weiter: Phyllis TRIBLE, Gott und Sexualität im AT, Gütersloh 1993, 89ff.

der Kinderzeugung[174] - davon ist Gen 2 überhaupt nicht die Rede - , sondern um etwas viel Substantielleres für den Menschen selbst. Wie sehr das Ziel des Jahwisten von den Mythen seiner Umwelt absticht, läßt sich besonders ersehen, wenn man andere verwandte Erzählungen betrachtet: Im Gilgamesch-Epos wird die Frau (als "Dirne") nur für kurze Zeit "gebraucht", um aus dem Helden einen Menschen zu machen. Danach begibt sich dieser wieder in die Gesellschaft der Männer. Die Frau ist dort lediglich Mittel zum Zweck, während sie beim Jahwisten als dauernde gleichwertige Partnerin gedacht ist. Zudem ist die jahwistische Erzählung die einzige Schöpfungsgeschichte im Alten Orient, die die Erschaffung der Frau eigens berichtet. Der Jahwist zeigt Mann und Frau als gleichwertige Partner, beide sind von Gott geschaffen, und beide sind für ein dauerndes Zusammenleben begabt, das von *Freude* bestimmt ist. Daß die Verhältnisse de facto so nicht sind, ist Thema der zweiten Erzählung in Gen 3.

Nacktheit und Scham

Die beiden Kapitel von Gen 2 und 3 werden verklammert durch einen Satz, der sich in der ursprünglichen jahwistischen Erzählung direkt an den Ausruf des Mannes von V. 23a angeschlossen hat:

"Und die beiden waren nackt, ʾadam und seine Frau, aber sie schämten sich nicht voreinander (eins vor dem andern)." (V. 25)

Daß der erklärende Zusatz V. 24 von späterer Hand ist und eigene Probleme hat, wird von den meisten Kommentaren angemerkt.[175] Aber auch V. 23b, der Satzteil mit dem Wortspiel ʾiš - ʾiššah (Mann - Frau):

"Und sie wird ʾiššah genannt werden, denn vom ʾiš ist sie genommen"

---

[174] Wie diese Stelle vor allem seit Augustinus und mit ihm von den meisten mittelalterlichen Theologen - einschränkend - ausgelegt wurde, dazu s.o. Teil I.
[175] S. Anm. 172.

ist hier nicht ursprünglich.[176]

Die Beschreibung in Gen 2 hat somit nach der "Begrüßung" der Frau durch den Mann nichts anderes mehr enthalten als den konstatierenden Satz von der Nacktheit und dem Fehlen von Scham. Diese beiden Elemente kommen dann in Kapitel 3 wieder, allerdings in ganz anderer Akzentuierung.

Bei dieser Verklammerung von Gen 2 und 3 sind zwei grundsätzliche Fragen wichtig: einmal das Verhältnis zwischen den beiden Kapiteln, sodann die Entdeckung der Geschlechtlichkeit durch die Menschen. Gen 2 und 3 sind eben nicht als fortlaufende Erzählungen zu lesen, die in einem irgendwie gearteten historischen Nacheinander zu verstehen wären. Vielmehr sind es zwei *parallele* Erzählungen, die die Ambivalenz des menschlichen Lebens aufzeigen, jeden menschlichen Lebens. Während Gen 2 ausdrückt, wie Gott den Menschen und das Verhältnis der Menschen geschaffen hat, zeigt Gen 3, wie die Verhältnisse wirklich sind. Was allerdings in einer Erzählung nur nacheinander gebracht werden kann, muß in eins gesehen werden, es fällt in der Wirklichkeit zusammen.

Aus diesem Grund ist es wichtig zu betonen, daß die Erschaffung der Zweigeschlechtlichkeit, die Entdeckung von Mann und Frau in ihrer Unterschiedlichkeit, in jenen Bereich der Erzählung fällt, der berichtet, wie Gott den Menschen, Mann und Frau, gewollt hat. Auch die Nacktheit und Unbefangenheit von Mann und Frau zeigen an, daß mit der Zweigeschlechtlichkeit die gute, positive Schöpfung Gottes beschrieben wird. Alle Deutungen, die die Entdeckung der Geschlechtlichkeit etwa später ansetzen und in irgendeinen Zusammenhang mit dem sog. Sündenfall bringen, sind ideologisch begründet. Wie es später noch deutlicher in Gen 1 ausgedrückt wird, gehört zur Erschaffung durch Gott die Bestimmung des Menschen als Mann und Frau. Wie aber wäre eine solche Bestimmung denkbar, wenn die konstituierende Komponente erst später entdeckt würde? Solches wäre ein Konstrukt, das die menschliche Ganzheit unzulässig auseinanderreißt. Zudem würde dann wieder Gen 2 und 3 in eine zeitliche Reihenfolge gebracht, die gattungsmäßig dieser Erzählung nicht entspricht. Die beiden Kapitel entfalten die beiden Seiten der ambivalenten menschlichen Wirklichkeit. Die Scham, die in diesem letzten Vers von Kapitel 2 angesprochen wird, meint selbstverständlich nicht etwas Partielles, das nur auf Sexualität bezogen

---

[176] S. dazu unten bei der Besprechung der verschiedenen Benennungen.

wäre, sondern etwas Ganzheitliches. Das Miteinander der beiden Menschen ist ungetrübt. Daß gerade hier durch das Übertreten des Gebotes in Gen 3 eine fundamentale Veränderung eintritt, ist nicht zufällig. Möglicherweise hat der Jahwist hier eine zugrundeliegende "Schamerzählung" verwendet, die den Ursprung der menschlichen Scham erklären will.[177] Daß dieses Element im Alten Orient und bei allen alten Völkern äußerst wichtig war, zeigt auch die Bedeutung und die ausführliche Beschreibung der Kleider, wie sie dann in Kapitel 3 erfolgt.

Die sog. Sündenfallerzählung nach Genesis 3

Dieses Kapitel versucht ätiologisch zu begründen, warum das Leben der Menschen - und hier besonders auch das Verhältnis von Mann und Frau - von Leiden und Einschränkungen bestimmt ist. Die Sünde bzw. ihre Herkunft wird dabei nicht erklärt. Es wird nur beschrieben, Schuldzuweisungen finden nicht statt. Bereits die Fragestellung "Ist die Frau schuld an der Sünde?" wäre von ihrem Ansatz her verfehlt.

Das Gespräch der Frau mit der Schlange ist nach dem oben Gesagten wieder eine Eigenleistung des Jahwisten. Während im ganzen Text von Gen 2 und 3 immer von Jahwe-'elohim die Rede ist, verwendet dieser Dialog ausnahmslos die Gottesbezeichnung *'elohim* allein. Ob der Jahwist dieses meisterhaft formulierte Stück vorgefunden oder selbst verfaßt hat, sei dahingestellt.[178] Es läßt sich jedenfalls herauslösen und hat eine Reihe eigener Probleme. Hauptperson ist eigentlich nicht die Frau, sondern die Schlange, und damit hängt der Baum (als Lebensbaum) zusammen.

---

[177] So DOHMEN a.a.O. 222.

[178] Wahrscheinlich war der Dialog vorgeformt und von J geschickt in seine ätiologische Geschichte eingebaut worden - vgl. auch DOHMEN a.a.O., bes. 216ff.

In der Tradition ist die Schlange sehr vielfach erklärt worden.[179] Sicher ist sie ein überaus stark symbolbeladenes Tier. Bereits im Gilgamesch-Epos ist es eine Schlange, die dem Helden heimlich das Lebenskraut vom Brunnenrand wegfrißt. Als Tier, das sich häutet, sich also immer wieder verjüngt, ist sie ein Symbol für Leben und Tod. In der späteren Überlieferung und in der christlichen Dogmatik wird aus der Schlange meist der Satan, der Teufel. Diese letzte, sehr negative Deutung wird aus dem biblischen Text explizit ausgeschlossen: der erste Satz sagt ausdrücklich, daß die Schlange ein von Jahwe-'elohim geschaffenes Tier sei. "Die Schlange aber war klüger als alle Tiere des Feldes, die Jahwe-'elohim gemacht hatte," (3,1). Es handelt sich somit nicht um eine göttliche Gegenmacht, sondern um ein Geschöpf, das nun mit der Frau in einen Dialog eintritt. Häufig wird die Deutung vorgetragen, die Schlange stehe für den kanaanäischen Fruchtbarkeitskult, denn sie ist ja bekanntlich auch ein Symbol für den kanaanäischen Baal, speziell für dessen sexuelle Kraft. Zudem ist das Wort für Schlange im Hebräischen männlich (naḥaš).[180] In der Situation des Jahwisten - und zwar sowohl in der Zeit Salomos als auch später in der Königszeit - ist die Auseinandersetzung mit den kanaanäischen Kulten außerordentlich heftig, und besonders der männlich-sexuelle Baal war der mächtige Gegenspieler Jahwes, des Gottes Israels. Frauen, vor allem Königinnen, waren häufig Trägerinnen dieser Kulte. So ist es möglich, daß diese Erzählung zumindest *eine* Spitze gegen den Baalskult enthält, und der ausdrückliche Hinweis auf die Schlange als ein Tier, das Jahwe-'elohim geschaffen hat, zeigte dann eine klare Tendenz: die Schlange auf einen untergeordneten Platz zu verweisen.

Es ist möglich, daß solche zeitgeschichtlichen Momente eine Rolle gespielt haben, denn der Jahwist schreibt nicht im luftleeren Raum, sondern auch als Kind seiner Zeit.[181] Wahrscheinlicher ist aber doch,

---

[179] Für die Deutungen in der Tradition, besonders den Zusammenhang von Schlange und Teufel, vgl. die Übersicht bei Herbert HAAG (s. o. Anm. 11), 247ff., weiter Elaine PAGELS, Adam, Eva und die Schlange, Hamburg 1991.

[180] Vgl. dazu den ausgezeichneten Artikel naḥaš von Heinz-Josef FABRY in: TWAT V, 384-397.

[181] Die Kritik der Heiratspolitik Salomos (der eine Tochter des Pharao zur Frau hatte) greift wohl auch zu kurz. Damit will Manfred GÖRG, Die "Sünde" Salomos. Zeitkritische Aspekte der jahwistischen Sündenfallerzählung (Bibl.

daß er die Schlange nicht nur in der Bedeutung, wie er sie in seiner aktuellen Stunde vorfindet, verwendet, sondern als Menschheitssymbol[182]. Hier ist sie ein sehr vielseitiges und schillerndes Tier. Neben der religiös-kultischen Bedeutung wäre sicher auch an die praktische Erfahrung im Orient zu denken, wo die Gefährlichkeit der Schlange im täglichen Leben eine große Rolle spielte (vgl. dazu Amos 5,19!). Nicht umsonst gibt Jesaja mit seinem Bild von der Endzeit an, daß das kleine Kind am Loch der Otter spielen kann:

"Der Säugling spielt vor dem Versteck der Natter,
das Kind streckt seine Hand in die Höhle der Schlange."
(Jes 11,8 EÜ)

Dies zeigt die praktischen Gefahren, die von dieser weitverbreiteten und gefürchteten Tiergattung ausgehen.[183] Die vielseitige Deutbarkeit der Schlange soll dabei auch nicht dazu verleiten, *alle* nur je in der Menschheit vorkommenden Möglichkeiten in den jahwistischen Text hineinzuverlegen. Sicher ist dieser Teil der Erzählung, den der Jahwist relativ kurz hält, in der Folgezeit überstrapaziert worden. Vielmehr macht der Verfasser den Versuch, *Verführung* plastisch darzustellen, indem er etwas von außen an den Menschen herantreten läßt, das diesen dazu bringt, nicht das zu tun, was er ursprünglich will, sondern das Gegenteil. Das, was sich auch im Innern eines Menschen abspielen kann, ist hier anschaulich und erzähltechnisch geschickt nach außen verlegt, um das Zustandekommen von Schuld zu erklären. Der Jahwist erweist sich damit als ein sehr kompetenter Psychologe, indem er einen überaus komplizierten Vorgang mit wenigen Verben darstellt.[184]

Nicht alle möglichen Schlangendeutungen sind maßgebend, sondern der Text des Jahwisten selbst. Er bezeichnet in Gen 3,1 die

---

Notizen 16), Bamberg 1981, 42-59, die Schlange in Gen 3, die in Ägypten die Göttin repräsentieren kann (in Kobragestalt), erklären.

[182] Vgl. hierzu Hans EGLI, Das Schlangensymbol. Geschichte - Märchen - Mythos, Darmstadt ²1982; Karen Randolph JOINES, Serpent Symbolism in the Old Testament. A Linguistic, Archaeological and Literary Study, Haddonfield 1974; Eugen DREWERMANN, Strukturen des Bösen Bd. I, Die Jahwistische Urgeschichte in exegetischer Sicht, Paderborn 1988, bes. LXVff.

[183] Der Verfasser spricht hier auch wieder von einer *Gattung* und nicht von einem einzelnen Tier. Darum wird der Artikel verwandt: hannaḥaš.

[184] Vgl. zu diesem Aspekt besonders DREWERMANN a.a.O. 7.

Schlange ausdrücklich als ein überaus kluges Tier. Die Schlange als ein Symbol der Weisheit ist zunächst positiv bestimmt. Das Wort arum ist z.B. im Buch der Sprüche überaus positiv gefüllt. In Gen 3,1 bekommt es aber zudem den schillernden Sinn von "listig, schlau, tückisch". Der Jahwist spielt hier wieder mit zwei Begriffen, was in der Übersetzung leider verlorengeht. Das Wort für "nackt" (ᶜarom) am Schluß von Kapitel 2 ist von seiner Wurzel her[185] identisch mit dem Wort für "klug, weise" (ᶜarum). Auf den ersten Blick unterscheiden sie sich nicht. Auch für das Gehör klingen die Begriffe fast gleich. Nun spielt der Verfasser mit diesen beiden Worten: die Menschen sind nackt und schämen sich nicht. Die Schlange ist klüger (nackter?) als alle Tiere des Feldes. Das Essen der Frucht sollte die Menschen auch klüger, weiser machen, d.h., es sollten ihnen die Augen aufgehen. Es wird ausdrücklich gesagt, daß dies geschieht: die Augen gehen ihnen wirklich auf, und sie erkennen etwas Neues; aber dies ist eben nicht ihre größere *Weisheit*, sondern ihre *Nacktheit* (ᶜerum - 3,7). Die Schlange hat also nicht "gelogen", sie hat sich vielmehr um die Begriffe "klug - nackt" geradezu gewunden, und die Menschen erkennen nun, was sie wollten. Aber dies ist etwas anderes als das, was sie sich gewünscht und vorgestellt hatten. Die Reaktion darauf ist eine negative: sie machen sich aus Feigenblättern Schürzen, um ihre Nacktheit zu verdecken.

Eine Auffassung, die die spätere Tradition in diese Stelle hineingelesen hat, ist noch ausdrücklich abzuweisen: die Versuchung, die Gen 3 geschildert wird, ist ganz sicher keine sexuelle. Die Frau wird hier nicht sexuell attackiert, der Ungehorsam, der erzählt wird, ist kein sexuelles Vergehen. Das Mißverständnis stammt erst aus der spät-alttestamentlichen Engführung, wie sie oben ausgeführt wurde. Ebensowenig hat die Auffassung von der Frau als Verführerin einen Anhalt im Text. Einzig von der Schlange ist gesagt, daß sie verführt, wörtlich: "täuscht"[186]; bei der Frau fehlt terminologisch jeder Hinweis darauf. Frau und Mann essen von dem Baum, die Frau zuerst, dann der Mann.[187]

---

[185] Im Hebräischen wurden ursprünglich nur Konsonanten, keine Vokale geschrieben; der Konsonantenbestand bei den beiden Wörtern ist gleich.

[186] Das hier verwendete Verb kann gerade *nicht* für sexuelle Verführung gebraucht werden; dafür stehen im Hebräischen andere Termini zur Verfügung.

[187] Zwar ist das Essen einer Frucht häufig auch ein Euphemismus für Geschlechtsverkehr. Doch darf der Text hier nicht überinterpretiert werden. Auch die Szene mit dem "Apfel" aus der griechischen Mythologie hat hier

Es bleibt die Frage, woher gerade in dieser Szene das große Interesse an der Frau stammt. Warum läßt der Jahwist die Frau allein mit der Schlange verhandeln, wo bleibt der Mann? Während alle Kommentare und besonders auch Drewermann überaus detailliert auf Art und Zustandekommen der Sünde eingehen, bleibt durchweg die Frage offen, warum denn ausgerechnet die Frau allein mit der Schlange redet. Auf dieses Problem ist kaum eine Antwort versucht worden außer der bekannten frauenfeindlichen aus männlichem Blickwinkel: "Das Weib ist lebhafter und begehrlicher und erwacht eher als der Mann."[188] Davon finden sich noch Spuren bis in neueste Aufsätze und Kommentare.[189] All diese männlichen Antworten liegen auf einer einseitigen Traditionslinie, die rund zweitausend Jahre alt ist; sie ist trotzdem falsch. Besonders erschreckend sind die Aussagen von Josef Scharbert: "Wahrscheinlich ist der Grund dafür, daß J nicht den Mann, sondern die Frau zuerst sündigen läßt und daß er die Schlange als Verführerin in die Erzählung einführt, der verhängnisvolle Einfluß der heidnischen Frauen auf Salomo, vor allem die Hochzeit mit der Pharaonentochter ..., die ägyptische Kulte, in denen das Schlangensymbol eine Rolle spielte, an den Hof brachte (Manfred Görg). Man wird aber auch die Erinnerung an die Rolle Batsebas unter David (2 Sam 11) als Hintergrund mit in Betracht ziehen dürfen. So erklärt sich, warum in Gen 3 die Frau auch zur Verführerin des Mannes wird."[190]

Gerade dies Zitat aus dem neuesten katholischen Genesis-Kommentar zeigt erschreckend, wie sehr hier die Tendenz, das Böse, die Sünde aus dem Männlichen heraus zu verlagern und die Frau zum

---

nichts zu suchen. Einmal darf Gen 3 nicht von daher interpretiert werden, dann war die "Frucht" sicher kein Apfel, auch wenn dies immer wieder so dargestellt wird. Diese Interpretationen zeigen, daß die Menschheitserzählung von Gen 3 immer neu durch die Brille späterer, bekannter Erzählungen gelesen wird.

[188] Hermann GUNKEL, Genesis (Göttinger Handkommentar zum AT I/1), Göttingen ⁴1917, 16, der Generationen von Exegeten geprägt hat.

[189] Vgl. z.B. Lothar RUPPERT, Die Sündenfallerzählung (Gn 3) in vorjahwistischer Tradition und Interpretation, in: BZ 15 (1971), 185-202, der von "der überragenden Rolle der Frau beim Sündenfall als Erstverführte und als Verführerin" spricht (190). Solche Aussagen, die heute eigentlich überwunden sein sollten, verweisen auf lange und tiefverwurzelte Vorurteile.

[190] Josef SCHARBERT, Genesis 1-11 (Neue Echter Bibel), Würzburg 1983, 27.

Sündenbock zu machen, immer noch vorherrscht.[191] Demgegenüber muß die Antwort über die Rolle der Frau auf einer anderen Ebene gesucht werden.

Der Baum, wie er in der Mitte des Gartens steht, ist überall in der altorientalischen Ikonographie mit einer Frau (ursprünglich einer Göttin) gekoppelt. Dies haben Urs Winter und Silvia Schroer mit einem geradezu erdrückenden Bildmaterial deutlich gemacht.[192] Vor allem in Syrien/Palästina sind solche Darstellungen zahlreich, wie das Kapitel über "Baum und Göttin" bei Urs Winter deutlich macht.[193] Die zahlreichen Darstellungen von Baumgöttinnen aus Ägypten sind bekannt. Die Verwandtschaft mit diesen ist in Syrien/Palästina vermutlich größer als mit mesopotamischen Vorstellungen. Auch die Schlange ist als Symbol der Fruchtbarkeitsgöttin Qudschu bezeugt.[194]

Auch in der späteren alttestamentlichen Tradition sind Baum und Frau (Göttin) noch sehr stark miteinander verhaftet, denn die Weisheit als weibliche Figur wird immer wieder mit Bäumen bzw. mit Baumattributen verbunden.[195]

---

[191] Es würde sich lohnen, obige Sätze genau zu analysieren! Das "auch" am Schluß heißt ja, daß die Sündenfallerzählung von Gen 3 auf dem Hintergrund der Batseba-Geschichte interpretiert und daß diese als Verführt*werden* des David durch Batseba gesehen wird. David (und Salomo) sind demnach untadelige, fromme Männer, die lediglich durch Frauen (Verführung) von ihren hohen Zielen abgelenkt werden. Solche Interpretation liegt genau auf der Ebene der Apokryphen, die die Frau zum Sündenbock für alles Übel in der Welt machen.
Abgesehen davon setzt diese Interpretation auch die (historisch) sehr umstrittene Ansetzung des Jahwisten in die Zeit Salomos voraus (s. Anm. 159-161). Fällt diese Hypothese, so hängt die ganze Interpretation in der Luft.

[192] Urs WINTER, Frau und Göttin. Exegetische und ikonographische Studien zum weiblichen Gottesbild im Alten Israel und in dessen Umwelt (OBO 53), Fribourg/Göttingen 1983 (²1987); Silvia SCHROER, In Israel gab es Bilder (OBO 74), Fribourg/Göttingen 1987.

[193] a.a.O. WINTER 434-441 mit den dazugehörigen Abbildungen; Silvia SCHROER, die Zweiggöttin in Palästina/Israel. Von der Mittelbronze II B-zeit bis zu Jesus Sirach, in: Jerusalem. Texte - Bilder - Steine (NTOA 6), Fribourg/Göttingen 1987, 201-225.

[194] So FABRY a.a.O. 391. Für die Schlange als positives Symbol für Leben vgl. LIEBERMANN (s. Anm. 162) 111ff. Skarabäen und Siegel mit Schlangen in diesem Sinn wurden gefunden in Jericho, Hazor, Lachisch, Gaza, Megiddo, Beth Schemesch, Gezer und Sichem (115).

[195] Vgl. dazu SCHROER, Zweiggöttin, 218ff, und meinen Beitrag Alttestamentliche Weisheitstexte als marianische Liturgie. Spr 8 und Sir 24 in

Frau und Baum stellen eine Menschheitsfiguration dar, die Frau steht unter, neben oder im Baum, dem Baum des Lebens, als Vertreterin der lebensspendenden Kraft. So vertritt sie die Menschheit insgesamt, und zwar nicht geschlechtsspezifisch.

Wenn also der Jahwist dieses Motiv von (Lebens-)Baum und Schlange, das ihm vorgegeben war, verwenden wollte, dann *konnte* er gar nicht anders, als diesem Motiv die Frau zuzuordnen. Jeder Mensch ist seiner Zeit und seiner Vorstellungswelt verpflichtet. Dies gilt in alten Kulturen und Bildvorstellungen sehr viel stärker als in der modernen Kultur und Kunst. Wie das zutagegekommene Bildmaterial zeigt, liegen die geprägten Vorstellungen jahrhundertelang, oft jahrtausendelang fest und können nicht von einem Einzelnen verändert werden. Auch der Jahwist war hier an ein bestimmtes Bildmaterial gebunden, das er nicht willkürlich ändern konnte. Seine Auswahl der Frau an dieser Stelle hat somit nichts mit den Folgerungen zu tun, die eine spätere Zeit gezogen hat. Wertungen einer frauenfeindlichen Tradition, daß die Frau zuerst gesündigt habe bzw. leichter verführbar sei als der Mann, gehen sämtlich an der Aussage des Textes vorbei. Das Motiv Frau - Baum - Schlange gehört als Komplex zusammen und ist zunächst wert-frei. Der Jahwist ist nicht für die spätere Mißdeutung verantwortlich zu machen, denn er zieht selbst aus diesem Teil der Erzählung keine moralischen Folgerungen oder Wertungen, die sich gegen die Frau richten. Vielmehr bewegt er sich in einer Vorstellungs- und Bildwelt, die ihm vertraut ist.

Die Übertretung

Worin besteht nun eigentlich das Vergehen in Gen 3? Daß es sich nicht um eine Einzelsünde oder um eine Verfehlung handelt, die man in einen festen Begriff fassen kann, zeigt schon das Fehlen der entsprechenden Terminologie. Es fällt zunächst auf, daß in Gen 2 und 3 keines der gebräuchlichen Wörter für "Sünde" und "Strafe" vorkommt. Im Hebräischen ist beides ja nicht getrennt, Sünde und Strafe (d.h. die Folge) sind jeweils *ein* Begriff. Ein terminus technicus für "Sünde" findet sich erst in Gen 4, in der Geschichte von Kain und

---

den Lesungen an Marienfesten, in: Elisabeth GÖSSMANN/Dieter R. BAUER (Hg.), Maria für alle Frauen oder über allen Frauen?, Freiburg 1989, 12-35.

Abel. Es geht dem Jahwisten hier somit um eine Aussage, die allen Einzelverfehlungen schon vorausliegt. Der Verfasser lebt in einer Zeit, in der es für den gläubigen Israeliten selbstverständlich ist, die Gebote Gottes zu halten. Halten der Gebote bedeutet Leben, Übertreten der Gebote bedeutet Tod; Inbegriff aller Weisheit ist die Gottesfurcht. In solcher Tradition lebt unser Verfasser. Der konkrete Ort, an dem der Jahwist sein Verständnis festmacht, ist der "Baum der Erkenntnis von Gut und Böse".[196]

Was heißt nun "erkennen von Gut und Böse"? Bei dieser Formel geht es nicht um etwas Moralisches, sondern es ist eine Ganzheitsaussage. "Gutes und Böses erkennen" ist gedeutet worden mit "das Leben kennenlernen", die "Zusammenhänge durchschauen", "aus der Naivität heraustreten", "in die Geschichte eintreten" und vieles andere mehr. All dies kann in dem Ausdruck enthalten sein. Auch im Gilgamesch-Epos wird der männliche Held durch eine Frau aus dem ursprünglichen Naturzustand heraus in das Leben eines zivilisierten und kultivierten Menschen eingeführt. Diese verschiedenen Traditionen waren dem Jahwisten geläufig.[197] Der Begriff *jada^c* = erkennen, den er hier verwendet, hat eine ganz weite Aussagekraft: *jada^c* heißt "sich mit etwas vertraut machen", "intim werden", "Erfahrung machen mit", und zwar ohne Berührungsängste. jada^c kann gebraucht werden für die tiefste Gotteserkenntnis wie auch für die geschlechtliche Begegnung von Mann und Frau, wie es Gen 4,1 gesagt wird: "Und der Mensch ('adam) erkannte seine Frau Ḥawwa, und sie wurde schwanger und gebar den Kain." "Gut und bös erkennen" schließt somit eine sexuelle Komponente ein, geht aber weit darüber hinaus. Es ist davor zu warnen, die Gen 3 geschilderten komplexen Vorgänge auf sexuelle einzuengen.[198]

---

[196] Der Baum des Lebens stammt aus der Vorlage, der Baum der Erkenntnis ist eben jener, der das besondere Anliegen des J ausmacht; denn er braucht ihn für sein Verständnis der menschlichen Übertretung.

[197] Einen Überblick über die unterschiedlichen Deutungsmöglichkeiten gibt Hans-Peter MÜLLER, Erkenntnis und Verfehlung. Prototypen und Antitypen zu Gen 2-3 in der altorientalischen Literatur, in: Trutz RENDTORFF (Hg.), Glaube und Toleranz. Das theologische Erbe der Aufklärung, Gütersloh 1982, 191-210.

[198] Wäre mit "Gut und Böse erkennen" der Sexualakt gemeint, könnte Gott nicht Gen 3,22 sagen: ".... der Mensch ist geworden wie unsereiner, indem er Gut und Böse erkennt"; niemals hätte ein Theologe wie der Jahwist einen Satz mit diesem Sinn - selbst wenn er ihn vorgefunden hätte - stehen lassen! Zwar ist es möglich, daß in einer Vorstufe von Gen 3 die Menschen gegen den Willen der Götter ihre Geschlechtlichkeit entdeckt und dies mit der

Was ist nun konkret verboten? Sollen die Menschen naiv/dumm bleiben? Wird hier die Weisheit abgelehnt oder der Fortschritt der Menschheit?

Der Jahwist sagt nichts von alledem. Der Verfasser ist der Ansicht, daß der Mensch von Gott alles bekommt, was er braucht, und daß die Menschen im Vertrauen zu diesem Gott leben können. Jahwe-'elohim setzt aber auch Grenzen. Diese Grenzen zwischen Gott und Mensch gelten für alle Menschen. Sie sind schlechthin einsichtig. Kain z.b. übertritt sie, indem er sich das Recht über das Leben seines Bruder anmaßt. Alle Menschen wissen darum, noch vor allen spezifisch an Israel ergehenden Gebotssätzen. Die Überschreitung dieser Grenzen ist ganz klar in dem Satz der Schlange ausgedrückt: "Ihr werdet sein wie Gott." Hier muß der Text genau gelesen werden; es heißt nicht: "Ihr werdet sein wie Jahwe" - solches wäre für einen israelitischen Theologen zu sagen undenkbar - , es heißt genau: "Ihr werdet sein wie 'elohim." 'elohim ist ein Gattungsbegriff, 'elohim sind aber auch die Götter Kanaans. Göttlich oder 'elohimartig werden, nicht im Menschlichen bleiben zu wollen, ist die Versuchung.

Vielleicht läßt sich von daher auch die unterschiedliche Gottesbezeichnung in Gen 2 und 3 insgesamt und in diesem kurzen Dialog Frau - Schlange klären. Es wäre ja für den Jahwisten leicht gewesen, so er diesen Dialog vorgefunden hat, in Gen 3,1-7 die Gottesbezeichnung in Jahwe-'elohim zu ergänzen. Daß dies nicht geschah, muß eine besondere Bewandtnis haben. *Jahwe* ist für ihn der Gott Israels. In dem Komplex von Gen 2 und 3 wird aber nicht von Israel und von spezifisch israelitischen Problemen und Versuchungen gesprochen, sondern gesamtmenschlich. So wie 'adam einfach Mensch/Menschheit allgemein heißt, so ist 'elohim die Gottheit schlechthin, vielleicht mit einem besonderen Seitenblick auf die Götter Kanaans. 'adam und 'elohim sind also Gattungsbezeichnungen (ebenso wie auch die Schlange), der Verfasser redet allgemein von

---

Formulierung "Gut und Böse erkennen" ausgedrückt haben. In der jahwistischen Erzählung ist dies aber uminterpretiert: Die Menschen haben es nicht mehr nötig, sich *dieses* Wissen zu stehlen, weil Jahwe-'elohim es ihnen in Gen 2 ja schon gegeben hat. So hat im jetzigen Erzählkontext "die sexuelle Bedeutung der Wendung 'Gut und Böse erkennen' ihren Sinn verloren ...". Mit dieser "interpretatio israelitica" wird das Klugseinwollen intellektualisiert und generalisiert. So Diethelm MICHEL, Ihr werdet sein wie Gott. Gedanken zur Sündenfallgeschichte in Genesis 3, in: Dieter ZELLER (Hg.), Menschwerdung Gottes - Vergöttlichung von Menschen (NTOA 7), Fribourg/Göttingen 1988, 61-87, Zitat 81f.

Menschheitsproblemen. Im Dialog mit der Schlange geht es somit um die Verführung des Menschen, nicht in seinen Grenzen bleiben, 'elohimartig werden zu wollen. Das gleiche Anliegen wird dann auch in der Turmbau-Erzählung nochmals entfaltet (Gen 11). Nicht Wissen wird hier abgelehnt oder (wirkliche) Weisheit, die gepaart sein muß mit Gottesfurcht, sondern ein ganz bestimmtes anmaßendes Wissen, das sich gegen Gott richtet, lehnt der Jahwist ab. Was sich gegen die Gottheit ganz grundsätzlich richtet, ist hier gemeint. Überall, wo dann Jahwe-'elohim steht, müßte man interpretierend übersetzen - denn der Verfasser richtet sich ja an gläubige Israeliten - : "die Gottheit, die wir Jahwe nennen!"

Mit dem Gebot meint der Verfasser ganz allgemein das Hören auf Gottes Stimme. Durch die Übertretung glauben die Menschen, etwas zu gewinnen. Tatsächlich gewinnen sie eine Daseinssteigerung durch Erkenntnis; sie gewinnen also wirklich etwas, wie dann Gott selbst feststellt (Gen 3,22), aber um welchen Preis! Fortschritt und Daseinssteigerung sind immer ambivalent. Diese wichtige Erfahrungstatsache gehört beim Jahwisten in die Formel "Erkenntnis von Gut und Böse" hinein.

So sind denn auch die Deutungen abzuweisen, die Gott als kleinlich und neidisch darstellen: weil er nicht wolle, daß die Menschen "höher hinaus" kommen, würden sie bestraft. Dieses Motiv des Götterneids, das sich in der Antike häufig findet, ist hier nicht das Muster.[199] Jahwe ist vielmehr der Gott, dem am Leben und an der Entwicklung des Menschen gelegen ist. Die Menschen selbst sind es, die immer wieder aus diesem "Schutzraum" heraustreten, das Vertrauen zerstören, das eigentlich zwischen Gott und Mensch walten sollte. So hat Gen 2 das Verhältnis Gott - Mensch geschildert, wie es sein sollte, als harmonische Einheit zwischen Mann und Frau und als Vertrauen zwischen Gott und Mensch. Jahwe-'elohim geht in Gen 2 im Garten spazieren und ist vertraut mit den Menschen. Dieses Vertrauen ist durch die Übertretung gestört worden, und das Dasein des Menschen ist nun bestimmt durch Schuld und Zerrissenheit. Das ist die Welt, in der auch der Jahwist lebt. In allen Bereichen werden die Folgen des Ungehorsams gezeigt: Das Auftreten Gottes wird nun

---

[199] Die *Schlange* hat vielmehr jene Vorstellung von Gott, die von manchen populären feministischen Darstellungen als die jahwistische (primitive) Gottes-vorstellung dargestellt wird. Darin besteht ja gerade ihre Tücke, daß sie dem Menschen ein falsches Gottesbild vermittelt und damit das Vertrauen stört. Vgl. hierzu auch DREWERMANN a.a.O., besonders 56.

als bedrohlich erfahren, die Vertrautheit der Menschen untereinander ist gestört. Sie erfahren ihre Nacktheit nun anders als in Gen 2. Die Reaktion der Menschen, daß sie sich verstecken, ist ein Zeichen von Schuld. Diese Reaktion kann man auch bei kleinen Kindern beobachten, wenn sie sich bei schlechtem Gewissen verstecken und damit gerade ihre Schuldgefühle zum Ausdruck bringen. Daß es dabei wieder um sehr viel mehr geht als um die Scham etwa wegen der nun entdeckten geschlechtlichen Unterschiede, zeigt sich ja gerade daran, daß die Menschen sich nicht in erster Linie voreinander, sondern vor Gott verstecken! Auf die Frage Gottes gibt 'adam auch sein Motiv bekannt, nämlich Angst. Die Übertretung hat Angst vor Gott ausgelöst und damit das Zerbrechen der Solidarität der Menschen. Die Frau wird nun nicht mehr in freudiger Einheit mit dem Mann geschildert, sondern dieser distanziert sich von ihr und beschuldigt sie (und letztlich Gott!: "die Frau, die *du* mir beigesellt hast ...."), das Vergehen veranlaßt zu haben, und die Frau schiebt die Schuld auf die Schlange. Während Gen 3,1-7 die Reihenfolge des Auftritts Schlange - Frau - 'adam ist, ist nun das Auftreten umgekehrt: 'adam - Frau - Schlange. Bei den "Strafsprüchen" wird dann wieder die erste Reihenfolge gewählt, so daß immer die Frau in der Mitte steht. Die Reihenfolge ist hier sicher keine Rangfolge, sondern in unterschiedlicher Weise wegen der Steigerung der Spannung gewählt. Die Frau in der Mitte zeigt wieder das besondere Anliegen des Verfassers an der Frau.

In der eben geschilderten Weise "löst" der biblische Verfasser das schwierige Problem des Bösen: Gott hat den "Garten" gut geschaffen, aber die Verhältnisse sind anders. Eine Erklärung für das Böse gibt der Jahwist nicht, das tut auch die ganze Bibel nicht. Der Jahwist schildert die Sünde, wie sie ist, erklärt aber nicht, woher sie kommt. Das Böse *ist* in der Welt. Das ist eine Erfahrungstatsache. Es gibt aber keinen Sündenbock. Wenn darum eine kurzschlüssige Interpretation *die Frau* zum Sündenbock stempelt, macht sie es sich zu einfach. Die Schwierigkeit, daß das Böse nicht zu erklären ist, muß ausgehalten werden.

Die ätiologischen "Strafsprüche"

Aus dem oben Gesagten[200] ist bereits deutlich, daß diese Sprüche nicht ursprünglich zur alten Vorlage gehörten. Danach wird 'adam in den Garten gesetzt - 'adam sündigt - 'adam wird aus dem Garten vertrieben. Der Verlust des "Gartens" ist die ursprüngliche Strafe. Die Sprüche sind somit wieder ein Werk des Jahwisten bzw. auch späterer Überarbeiter, die hier das, was in der Wirklichkeit vorgefunden wird, ätiologisch (auf die Ursache, den Grund) deuten. Der Verfasser stellt das Leben des Bauern seiner Zeit dar, mühsam und von Erfolglosigkeit gekennzeichnet, das Leben der Frau durch Kindergebären und die entsprechenden Mühen und Bedrohungen bestimmt sowie durch die Unterordnung unter den Mann, und das Leben der Schlange schließlich, die auf dem Bauch kriecht und Staub fressen muß (man beachte die anthropomorphe Sicht!).

Sowohl aus der gattungsmäßigen Zuordnung dieser Sätze als auch aus der Stellung im Text ist ganz klar ersichtlich, daß es sich hier nicht um Strafen, sondern um Zustandsschilderungen handelt. So wie die Verhältnisse sind, sind sie nicht gottgewollt. Wie es nach Gottes Schöpfungsabsicht sein sollte, hat eben Gen 2 illustriert. Nimmt man diese ätiologische Zielrichtung ernst, ist deutlich, daß durch die Sprüche das Leben nicht verändert wird: die Schlange ist immer auf dem Bauch gekrochen, Kindergebären war immer schmerzhaft, die Menschen waren von Anfang an sterblich geschaffen. Nur wird jetzt alles durch den Verlust des Vertrauens zu Gott anders wahrgenommen ("die Augen waren ihnen aufgegangen"). Jede andere Deutung würde wieder ein Denken mit einem Vorher - Nachher voraussetzen.

Die poetisch formulierten Sprüche - der Begriff "Strafsprüche" soll im folgenden vermieden werden - sind nun im einzelnen zu betrachten. Die Reihenfolge ist die gleiche wie beim Auftreten der Personen in Gen 3,1ff: Schlange - Frau - Mann. Zweimal nur wird eine eigentliche Verfluchung ausgesprochen, einmal über die Schlange und zum anderen über die 'adamah. Die Ackererde wird um des Menschen ('adam) willen verflucht, hier findet sich somit wieder die Konzeption, die mit dem Begriffspaar 'adam - 'adamah spielt. Dagegen gibt es im mittleren Spruch, bei der Frau, keinen Fluch, ebenso keine Begründung. Nur der erste und der dritte Spruch werden

---

[200] S.o. die Vorbemerkung zu Quelle und Überlieferungsstoffen.

begründet. Die auf den ersten Blick wie ein Block wirkenden Sprüche sind also in sich sehr uneinheitlich; verschiedenstes Material ist hier verarbeitet. Gerade der mittlere Spruch über die Frau macht nicht den Eindruck, als sollte sie als die Schuldigere hingestellt werden. Manche Interpreten empfinden dies geradezu als Mangel.[201]

Über die Schlange wird mit der Begründung "Weil du dies getan hast" von Gott ein expliziter Fluch ausgesprochen und auf eine fortdauernde Feindschaft zwischen ihren Nachkommen und denen der Frau hingewiesen. Damit steht die Schlange hier nicht nur als Gattungswesen, sondern implizit auch für das Böse, das sie verursacht hat. Gegen dieses Böse geht der Kampf weiter. Insofern ist der Spruch über die Schlange enger mit dem über die Frau verbunden, weil nur in diesen beiden von Nachkommen die Rede ist.[202]

Der Spruch über den Mann ist außerordentlich überladen. Zunächst findet sich eine Begründung mit zwei Teilen:

"Weil du auf die Stimme deiner Frau gehört
und gegessen hast von dem Baum,
von dem ich dir geboten habe:
Du sollst nicht von ihm essen!"

Angesprochen ist 'adam, der Mensch schlechthin, und nur in der ersten Begründung ist auf "seine Frau" ('iššah) angespielt, alle anderen Aussagen dieses langen Spruches sind so formuliert, daß sie auf beide, auf Mann und Frau, bezogen werden können.[203] Der Rückbezug auf das Gebot von 2,16f ist hier ausdrücklich ausgesprochen, auch dort ging das Verbot an 'adam. Nach der langen Einleitung wäre nun eigentlich die Folge für 'adam zu erwarten, aber die Fortsetzung spricht nun den Fluch über die 'adamah, den Ackerboden, aus:

"Verflucht sei die 'adamah um deinetwillen!"

---

[201] Vgl. z.B. RUPPERT a.a.O. 190 und die oben (Anm. 189ff) zitierten Beispiele.

[202] Auf die Problematik dieser Stelle in bezug auf ein sog. Protoevangelium, zu dem es eine uferlose Literatur gibt, kann hier nicht eingegangen werden; man vgl. dazu die Kommentare, zuletzt auch DOHMEN 131ff.

[203] Auf die Diskrepanz zwischen 'adam und 'iš wird unten S. 114ff eingegangen.

Erst danach folgt:

"Unter Mühen sollst du von ihr essen alle Tage deines Lebens.
Dorn und Stechstrauch läßt sie dir schießen,
so iß denn das Kraut des Feldes!"

Weil der Mensch gegessen hat von dem Baum, muß er nun auch essen, aber unter anderen, erschwerten Bedingungen. Die Folge der Übertretung ist somit für ihn ganz exakt auf die Gebotsformulierung und auf die Beschreibung der Übertretung bezogen, während das Moment des Essens in dem Spruch über die Frau völlig fehlt, so als hätte nur ʾadam gegessen. Die außerordentlich überladene Passage verstärkt die Aussage nochmals durch die Präzisierung:

"Im Schweiß deines Antlitzes magst du Brot essen,
bis du zur ʾadamah zurückkehrst,
denn aus ihr bist du genommen."

Die nochmalige Erwähnung des Essens[204] ist nun mit "Brot" als Beispiel für das Lebensnotwendigste gefüllt; die Aussage über die Rückkehr zur ʾadamah bezieht sich auf den Anfang von Gen 2, wo der Mensch, ʾadam, aus der ʾadamah gebildet wurde. Da die Frau sowohl auf das Essen angewiesen als auch sterblich ist wie der Mann, muß auch dieser Teil des Spruches für sie genauso Geltung haben. Mann und Frau werden in ihrer Arbeit getroffen durch Erschwernisse, die ohne die Übertretung in dieser Härte nicht gegeben wären. Daß auch die Frauen auf Feld und Acker im Vorderen Orient immer mitarbeiten, entspricht einer Erfahrung, die erst nach der Arbeitsteilung in unseren Gesellschaften im Zuge der Industrialisierung weitgehend vergessen wurde. Nur so konnte es geschehen, daß man diese Sprüche allein auf den Mann bezog. Entweder gilt das Verbot, das an ʾadam ergeht, auch für die Frau, dann muß dasselbe auch von dem Spruch, der sich auf das Essen bezieht, gelten; im

---

[204] Insgesamt fünfmal in dem Spruch! Daß das Essen so betont ist, zeigt deutlich, wie sehr hier die altorientalische Vorstellung vom Baum mit Göttin, die durch Nahrung, die sie den Menschen anbietet, das Leben ermöglicht, im Hintergrund steht. Aus dem gleichen Grund ist in dieser Szene die Verbindung mit der Weisheit gegeben, denn auch sie ist im Alten Orient immer mit einer weiblichen Figur personifiziert. Vgl. Spr 8, Sir 24 und in Ägypten die Vorstellung der Ma'at.

anderen Fall müßte die Frau sowohl von der Gebotsübertretung als auch vom Sterblichsein freigesprochen werden, alles andere wäre unlogisch. Dasselbe gilt für den Auftrag, den Garten zu bewahren und zu bearbeiten. Arbeit, Auftrag und Verbot galten den Menschen insgesamt, Mann und Frau.

Wegen der Verfluchung der ʾadamah, der als weiblich vorgestellten Mutter Erde (vgl. Sir 40,1), steht diese nun dem Menschen entgegen und gibt nicht mehr freiwillig und ohne große Mühe ihre Früchte ab. So wird die Arbeit des Menschen insgesamt anders erfahren. Die Erde wird um des Menschen willen verflucht - nicht umgekehrt! Durch die Zerstörung der Harmonie zwischen Gott und Mensch und zwischen Mann und Frau wird somit auch ihre gemeinsame Lebensgrundlage tangiert: jeder richtet sich nun gegen jeden. Aus einem liebevollen Miteinander ist durchweg ein Gegeneinander und eine Konkurrenz geworden, wie sie ursprünglich nicht intendiert war.

An den Satz über die Rückkehr zur ʾadamah ist nun eine Wiederholung angehängt, die den gleichen Gedanken nochmals ausdrückt, aber mit einem anderen terminus, mit Staub (ʾapar):

"Denn Staub bist du,
und zum Staub wirst du zurückkehren!"

Mit ʾadamah und ʾapar sind zwei Begriffe gewählt, die möglicherweise auf zwei unterschiedliche Vorstellungen des Gartens hindeuten (Ackerbauversion und Wüstenversion), in Gen 2,7 sind beide Begriffe redaktionell verbunden:

"Und es formte Jahwe-ʾelohim den Menschen (ʾadam) aus dem Staub (ʾapar) aus dem Ackerboden (ʾadamah) ..."

Mit diesem mehrfachen Verweis auf die Mühseligkeit und Endlichkeit - bei ʾapar zusätzlich noch auf die Hinfälligkeit - des menschlichen Daseins sind die Sprüche insgesamt abgeschlossen.

Es kann sicher nicht bezweifelt werden, daß sie in ihrer Allgemeinheit die Menschen insgesamt, Mann und Frau, betreffen. Trotzdem ist in der Mitte ein besonderer Abschnitt über die Frau eingefügt (V. 16). Dieser enthält eigentlich zwei Aspekte, die sich nicht ergänzen, sondern eigentümlich auseinanderdriften. Im ersten Teil, V. 16a, wird auf die Mühsal und die zahlreichen Schwangerschaften und Geburten eingegangen:

"Zahlreich, ja zahlreich will ich machen deine Mühen und
deine Schwangerschaften,
unter Mühsal wirst du Kinder gebären."

Von "Schmerzen", wie in vielen Übersetzungen gängig, ist V. 16a
überhaupt nicht die Rede. Vielmehr findet sich hier die gleiche
Wurzel wie in V. 17 beim Spruch über den Mann: "Unter Mühen
(ᶜiṣabon) sollst du essen." Analog dazu steht derselbe Begriff auch in
der ersten Zeile, ergänzt durch ein einmaliges Wort im Alten
Testament für Schwangerschaft (haron). Buber/Rosenzweig
übersetzen folgerichtig alle drei Stellen mit "Beschwer/Beschwernis".
Der Begriff kommt außer in V. 16 und V. 17 in der Genesis nur noch
einmal vor, und zwar 5,29 mit direktem Bezug auf die Verfluchung
der ʾadamah um des Menschen willen. Noach, der Held der Sintflut,
wird so vorgestellt:

"Er wird uns aufatmen lassen von unserer Arbeit
und von der Mühsal[205] unserer Hände,
um die ʾadamah,
die Jahwe verflucht hat."

Der Begriff ist damit primär geprägt durch die Mühseligkeit der
menschlichen Arbeit und Gen 3,16 erst sekundär auch mit den
Schwangerschaften verbunden. Die Übersetzung mit "Schmerz" ist
eine (männliche) Eisegese, die dem Text nicht zu entnehmen ist. Es
soll nicht bestritten werden, daß Kindergebären mit Schmerzen
verbunden ist, doch steht es hier nicht im Text. Insgesamt ist die rein
negative Sicht in diesem Satz typisch für einen männlichen Blick von
außen. Die Ambivalenz gerade dieses Vorgangs, wie ihn Frauen
erleben (Schmerz *und* Freude), kommt so gar nicht in den Blick.
Die ersten beiden Worte "mehren, ja mehren" sind ebenso vor-
geprägt, und zwar in einem positiven Sinn. Der Ausdruck kommt
noch Gen 16,10 und 22,17 vor im Zusammenhang mit der Nachkommenverheißung an Abraham. Der Same Abrahams soll zahlreich

---

[205] In der poetischen Literatur, vor allem Sprüche und Psalmen, wird die Wurzel
ᶜaṣb immer nur gebraucht im Kontext der Mühe bei der Arbeit oder dem Erwerb
von Besitz. Einen Zusammenhang mit Geburt gibt es im AT damit nicht. - Das
neue Hebräische und Aramäische Lexikon zum AT von Walter BAUMGART-
NER/Johann Jakob STAMM (Hg.), Bd. III, Leiden 1983, 819, gibt ohne
Begründung nur Gen 3,16 an in der Bedeutung "Schmerz (der Gebärenden)".

werden wie der Sand am Meer bzw. wie die Sterne des Himmels. Diese beiden Stellen, die wahrscheinlich den älteren Pentateuch-Quellen zuzuweisen sind, sind sicher älter als die negative Formulierung in Gen 3,16. Es ist damit zu rechnen, daß V. 16a im bewußten Gegensatz zu dieser positiven Verheißung formuliert ist. Damit kann aber dieser Satz nicht älter sein als die Zusammenstellung der Pentateuch-Erzählungen. Es ist zudem die einzige Stelle in der Bibel, wo eine Nachkommenverheißung mit einem negativen Akzent versehen wird.

Aus all diesen Gründen legt sich die Vermutung nahe, daß dieser Versteil (16a) nicht ursprünglich zu den ätiologischen Sprüchen gehört, sondern später hinzugefügt wurde. Hinzu kommt, daß der Hinweis auf Schwangerschaft und Geburt keinerlei Anhalt im Text von Gen 2 hat, weil dort nur von der Beziehung zwischen Mann und Frau und nicht von Nachkommen die Rede war.

V. 16b wird nun das Verhältnis von Mann und Frau reflektiert. *Dieser* Teil hat somit in der Erzählung von der Erschaffung der Frau und ihrer Begrüßung durch den Mann ein Gegenstück:

> "Nach deinem Mann ('iš) geht dein Verlangen (Sehnen),
> er aber wird über dich herrschen (mašal)."

In diesem Satzteil sind besonders die Begriffe für "verlangen" und das Verb für "herrschen" zu untersuchen. Der erste terminus t^ešuḳah kommt nur dreimal im Alten Testament vor, und zwar außer hier noch Gen 4,7 und Hld 7,11. Meist wird mit "Trieb, Verlangen" übersetzt, was aber bereits ein Vorverständnis im Sinne eines sexuell ausgerichteten Begehrens einschließt. Hld 7,11 ist die Sachlage in eigentümlicher Weise umgekehrt als Gen 3,16: Dort ist es die Frau, die sagt, daß das Verlangen (Sehnen) ihres Geliebten *ihr* gilt:

> "Ich gehöre meinem Geliebten,
> und nach *mir* geht sein Sehnen (t^ešuḳah)."

Die erste Zeile, wie sie sich dreimal im Hld findet, "signalisiert die besondere Bedeutung der *gegenseitigen* Zusammengehörigkeit für die Frau".[206] Das darin ausgesprochene Verhältnis zwischen Mann und Frau ist terminologisch dem in Gen 3,16 geradezu entgegengesetzt.

---

[206] Othmar KEEL, Das Hohelied (Zürcher Bibelkommentare), Zürich 1986, 232.

Es ist dies eine der Stellen, die Phyllis Trible veranlaßt haben, das Hohelied mit der Beschreibung des Gartens und des Verhältnisses Mann - Frau mit Gen 2 in Beziehung zu setzen.[207] Tatsächlich wird hier zum Ausdruck gebracht, was ursprünglich beabsichtigt war: eine von Freude bestimmte Beziehung der Geschlechter, die zudem nicht von einer Seite ausgeht, sondern im Parallelismus deutlich als gegenseitige geschildert ist. Wo diese Gegenseitigkeit nicht gewahrt ist, kommt es dazu, daß der Mann seine Position ausnützt und die Frau unterdrückt. Die Umkehrung von Gen 3,16 zeigt somit deutlich die Störung bzw. Ver-kehrung eines guten Zustandes an.

Die zweite Stelle, an der das Substantiv tᵉšuḳah noch vorkommt, ist das unmittelbar benachbarte Kapitel 4. Dies zeigt wieder die Zusammengehörigkeit von Gen 3 und 4 auf. Westermann sieht darin die Absicht des Jahwisten, "in Kap. 4 eine dem Kap. 3 parallele oder entsprechende Erzählung von einem Vergehen und dessen Bestrafung zu bringen".[208] Wie in Gen 3 ist die Erzählung aufgebaut in Vergehen - Verhör - Strafspruch. In Gen 3 und 4 werden "zwei Grundbeziehungen menschlicher Gemeinschaft dargestellt"[209]. Während es in Gen 3 um das Verhältnis Mann - Frau geht, ist das Thema von Gen 4 das Verhältnis zwischen Brüdern. V. 6f ist eine Warnung an Kain, in der von Gott das entsprechende Substantiv gebraucht wird. Gen 4,7 kommt auch der zweite Begriff von Gen 3,16 (herrschen) vor:

> "Zur Tür hin ein Lagerer (ist) die Sünde (ḥaṭat),
> auf dich geht sein Verlangen (tᵉšuḳah),
> du aber sollst über ihn herrschen (mašal)."

Subjekt ist ein "Lagerer" - gedacht ist möglicherweise an einen Schwellendämon -, dessen Verlangen sich auf Kain richtet. Die Sünde wird geschildert als etwas, das darauf wartet, beim Menschen sozusagen Einlaß zu finden. Die sehr schwierigen Verse werden zumeist als spätere Einfügung verstanden; Procksch bezeichnet sie als die schwierigsten Verse der Genesis.[210] Die fast wörtliche

---

[207] S. Anm. 173.

[208] WESTERMANN, Genesis 389.

[209] a.a.O. 431. Vgl. dazu auch Erich ZENGER "Das Blut deines Bruders schreit zu mir" (Gen 4,10) - Gestalt und Aussageabsicht der Erzählung von Kain und Abel, in: Dietmar BADER (Hg.), Kain und Abel - Rivalität und Brudermord in der Geschichte des Menschen , Freiburg 1983, 9-28.

Übereinstimmung mit Gen 3,16 ist auffallend.[211] Hat ein Späterer hier aufgrund der Formulierung von Gen 3,16 eine göttliche Warnung an Kain nachgetragen? Oder läßt sich der Satz auch als Frage übersetzen: "Du aber, wirst du seiner Herr werden?"[212] Wie dem auch sei, daß "Herrschen" (mašal) Verantwortung, Fürsorge und Leitung einschließt, sei unbestritten; jedoch liegt gerade in Gen 3,16b mit Blick auf Gen 4,7, wo es um das Besiegen der Sünde geht, der Akzent äußerst stark auf der Überlegenheit und Verfügungsgewalt, hier also des Mannes über die Frau.

Weitere Ähnlichkeiten der Erzählung von Gen 3 und 4 sind mit dem Stichwort 'adamah gegeben und mit dem Fluch. Wie die Schlange und die 'adamah in Gen 3 wird in Kap. 4 Kain verflucht, und die 'adamah verweigert ihren Ertrag, Kain muß von ihr fort. Zu beachten ist wieder die einseitige Rezeptionsgeschichte: Obwohl von den Menschen in diesen urgeschichtlichen Erzählungen einzig Kain verflucht wird, hat dies nie dazu geführt, den männlichen Teil der Menschheit etwa als schuldiger an der Sünde anzusehen, ganz im Gegensatz zur Wirkungsgeschichte von Gen 3. Darauf sei nochmals hingewiesen. "In der christlichen Deutung des 'Sündenfalls' ist es begründet, daß der soziale Aspekt praktisch kaum oder gar keine Bedeutung bekommen hat."[213] Dagegen stand die Mann - Frau - Beziehung immer im Blickfeld.

Nach den beiden Parallelen im Hohenlied und in Gen 4,7 ist es durchaus möglich, daß auch der Versteil Gen 3,16b ein späterer Zusatz ist, bewußt als Umkehrung der positiven Aussagen im Hohenlied formuliert. Jedoch ist die Lösung, daß die ätiologischen Sprüche insgesamt später zugefügt sind, wahrscheinlicher. Der älteste Bestandteil dürfte mit dem Wortspiel 'adam - 'adamah vorliegen und ist in dem Teil, der sich auf das Essen bezieht - und zwar frei von

---

[210] Genaues Zitat bei WESTERMANN a.a.O. 409. Auch für Westermann ist "eine Erklärung dieser beiden Verse bisher nicht gelungen" (a.a.O. 406).

[211] Vgl. dazu besonders die interessanten Ausführungen von Frank CRÜSEMANN, Autonomie und Sünde. Gen 4,7 und die "jahwistische" Urgeschichte, in: Willy SCHOTTROFF/Wolfgang STEGEMANN (Hg.), Traditionen der Befreiung, Bd. 1: Methodische Zugänge, München 1980, 60-77. Der Mensch hat in Gen 2f nach der Autonomie gegriffen; diese *kann* zum Mord führen (Gen 4). Darum tauchen erst in Gen 4 die spezifischen Begriffe für "Sünde" auf.

[212] WESTERMANN a.a.O. 409.

[213] a.a.O. 433.

sexuellen Konnotationen - einzig auf den Ertrag der ʾadamah ausgerichtet.[214]

Zwei Momente sprechen noch zusätzlich für eine Spätansetzung dieser Sprüche, nämlich die Verfluchung der Schlange und der ʾadamah. Diese Fluchsprüche sind nicht ohne eine längere Erfahrung mit den kanaanäischen Kulten, in der Zeit Salomos jedoch nicht gut denkbar. Eher schon ist die Polemik Hoseas vorausgesetzt, daß Israel seine Früchte von der Erde, dem Land und deren Göttern anstatt von Jahwe erwartet. Auch die absolute Verfluchung der Schlange ist in einer Zeit, da im Tempel zu Jerusalem die eherne Schlange als positives Symbol verehrt wurde, nicht gut möglich, auch wenn die beiden Vorstellungen unterschiedliche Wurzeln haben.[215]

Gen 3,16 spricht gerade über die Frau keinen Fluch aus. Der Vers antwortet aber auf die Warum-Frage ätiologisch und versucht, das Geschick der Frau zu "erklären". Dabei kommt diese Erklärung in der damaligen gesellschaftlichen und sozialen Situation nicht aus, ohne die negativen Aspekte, nämlich die Mühen und die zahlreichen Geburten und Schwangerschaften sowie die Abhängigkeit der Frau vom Mann, einzubeziehen. Die Ambivalenz im Leben der Frau zeigt sich im 1. Jahrtausend v. Chr. gerade in diesen beiden Bereichen, und der Verfasser von Gen 3,16 qualifiziert dies als negativ: das *ganzheitliche* Verlangen der Frau[216] wird vom Mann nicht entsprechend beantwortet, sondern pervertiert. So zeigen die Sprüche über die Frau den Zustand, wie er nicht sein soll, die Perversion der ursprünglichen Schöpfungsabsicht.

Ist die gegebene theologisch-ätiologische Deutung richtig, dann ist jede Erleichterung der herrschenden Verhältnisse ein Schritt in die

---

[214] Willy SCHOTTROFF, Der altisraelitische Fluchspruch (WMANT 30), Neukirchen 1969, ist der Meinung, daß die Sprüche Gen 3,14-19 das am wenigsten fest in der Erzählung von Gen 2/3 verankerte Stück sind (vgl. bes. 87ff.143ff).

[215] Vgl. die oben Anm. 180 - 182 angegebene Literatur.
Manfred GÖRG, Das Wort zur Schlange (Gen 3,14f). Gedanken zum sog. Protoevangelium, in: Bibl. Notizen 19 (1982), 121-139, sieht allerdings Beziehungen zwischen der Zerstörung der ehernen Schlange durch Hiskija und Gen 3,14f; Hiskija ist für ihn der "Nachkomme", der der Schlange den Kopf "beschädigen" wird. Ägypten ist die bleibend gefährliche Macht für Israel, doch es muß "Staub fressen", vermag aber weiter "zuzuschnappen" (139). Bei dieser Deutung könnte aber der Fluchspruch über die Schlange nicht vor Ende des 8. Jh. v. Chr. formuliert worden sein.

[216] Vgl. DOHMEN a.a.O. 156.

ursprüngliche Richtung. Leider ist hier aber wiederum mit zweierlei Maß gemessen worden. Dies kommt oft schon in einer unzulänglichen Übersetzung zum Ausdruck, indem sprachlich der Eindruck eines Gebotssatzes erweckt wird ("er aber *soll* über dich herrschen!")[217] sowie in einer unterschiedlichen Deutung der Sprüche über Mann und Frau. So schreibt Othmar Keel: "Man hat in der kirchlichen Praxis die Worte von den Schmerzen bei der Geburt und die von der Herrschaft des Mannes über die Frau nicht selten als Gebot aufgefaßt, statt sie als das zu nehmen, was sie sind, nämlich die Beschreibung eines Unheilzustands, der überwunden werden muß. So hat man sich mit Hilfe von Genesis 3,16a bis in die neueste Zeit gegen Bemühungen um eine schmerzarme Geburt zur Wehr gesetzt. Das Verräterische dabei ist, daß man nicht gleichzeitig unter Berufung auf Gen 3,17-19 gegen die Einführung von Traktoren und Motorsägen zu Felde gezogen ist, die den von Genesis 3,19 bei der Feldarbeit vorgesehenen Schweiß verringern."[218]

Es stellt sich die Frage nach einem bestimmten Legitimationsinteresse. Wo männliche Theologie oder Weltanschauung die Frau unterdrücken will, fand und findet sie in solchen Sätzen einen geeigneten Ansatzpunkt. Solches Legitimationsinteresse bestand auch zur Zeit des Jahwisten, und zwar in einer ganz ähnlich bedeutenden Frage. In und nach der Regierungszeit Salomos ging es um die Legitimation des Königtums in Israel, und vermutlich steht die ganze Josefsgeschichte unter dieser Fragestellung: "Darf ein Bruder über Brüder herrschen?" Die Frage wird von gewissen Kreisen bejaht, und zwar unter bestimmten Umständen: wenn dieser Bruder wie ein wirklicher Bruder handelt und nicht wie ein Despot. Die gleichgeartete Fragestellung: "Darf der Mann über die Frau herrschen?" verneint der Verfasser von Gen 2 und 3 jedoch ganz entschieden. Solche Herrschaft ist Folge der Sünde, der Verfehlung, ist Ausdruck des Abfalls von Gott, Ver-kehrung der gottgewollten Ordnung.

Diese Interpretation von einem - sicher männlichen - Verfasser in

---

[217] Auch Frank CRÜSEMANN "... er aber soll dein Herr sein" (Genesis 3,16). Die Frau in der patriarchalischen Welt des Alten Testaments, in: Frank CRÜSEMANN/Hartwig THYEN (Hg.), Als Mann und Frau geschaffen. Exegetische Studien zur Rolle der Frau, Berlin 1978, 13-106, betont eine solche Deutung: "Sobald man das streng ätiologisch-sagenhafte Denken verläßt", macht man "das Opfer zum Schuldigen" (65).

[218] KEEL; Die Stellung der Frau in der Erzählung von Schöpfung und Sündenfall, in: Orientierung 39 (1975), 74-76, hier: 75.

der israelitischen Königszeit ist immerhin erstaunlich und umso überraschender, als zu der Zeit Polygamie noch an der Tagesordnung war. Daß der Jahwist oder seine späteren Interpreten so deutlich das nicht Gottgewollte in der *Herr*schaftsausübung des Mannes über die Frau und in ihrer größeren Belastung durch Geburten/Schwangerschaften ausgesprochen hat, zeugt von einem großen, durch den Glauben bestimmten Gerechtigkeitssinn.[219]

Die Benennungen in Genesis 2 und 3

Gen 2 und 3 enthalten mehrfache Benennungen und Namensdeutungen für die Frau, die wieder den zusammengesetzten Zustand der Texte deutlich machen. Daß hier traditionsgeschichtlich verschiedene Schichten vorliegen, wird so überaus deutlich. Während für den Mann keinerlei Erklärungen gegeben werden, sind bei der Frau mehrere Deutungen beigefügt; dies zeigt wieder das spezielle Interesse des Verfassers an der Frau.

ʾadam

Zuerst findet sich die Bezeichnung ʾadam für den Menschen, die sich sowohl Gen 2 als auch 3 durchzieht. ʾadam ist kein Eigenname, sondern heißt "Mensch/Menschheit", der Begriff schließt zunächst die Frau ein. ʾadam ist von der ʾadamah, der Ackererde, genommen und muß, wie es am Schluß heißt, auch wieder zur ʾadamah zurückkehren (3,19), d.h. sterben.[220] Die ursprüngliche Vorlage hat wohl den Begriff ʾadam für den Menschen schlechthin enthalten . Ob man dann aus ʾadam bis zur Erschaffung der Frau ein androgynes Wesen postulieren darf, halte ich von der Traditionsgeschichte des Textes her für sehr unwahrscheinlich.[221] Richtig daran ist aber, daß sich die Funktion von ʾadam ändert, nachdem die Szene von der Erschaffung

---

[219] Trotzdem dürfen wir vom Jahwisten nicht die Lösung unserer modernen Fragestellungen erwarten. Dem Verfasser konnte unsere heutige Problemlage nicht bewußt sein, und sie darf auch nicht in die Texte eingetragen werden.

[220] Daß dies auch für die Frau gilt, wurde oben S. 107ff bereits ausgeführt.

[221] So TRIBLE in den oben (Anm. 173) angegebenen Untersuchungen.

der Frau eingefügt ist. Abzuweisen ist in jedem Fall, ʾadam als Eigenname zu verstehen: Adam und Eva gibt es in Gen 2f nicht, das ist die spätantike Fassung der Erzählung aus einer Zeit, wo sie bereits fehlinterpretiert ist. Ein Eigenname wird Adam erst in Gen 4.

ʾîš und ʾiššah

Das zweite Wortspiel im Text ist das zwischen ʾîš (Mann) und ʾiššah (Frau). Erstmals taucht der Begriff *ʾiššah* für die Frau in 2,22 auf. Jahwe-ʾelohim nimmt eine Rippe aus *ʾadam* und baut sie aus zu einer ʾiššah. Damit wird *ʾadam* eigentlich erst zum Mann, denn ʾîš ist ein geschlechtsspezifischer Begriff; das wird aber terminologisch nicht deutlich: der Jahwist läßt einfach das Wort ʾadam aus der Vorlage stehen! So ist es denn auch ʾadam, der in den Ruf ausbricht:

"Diese endlich ist Gebein von meinem Gebein
und Fleisch von meinem Fleisch!"

Die Fortsetzung paßt aber nicht dazu:

"ʾiššah soll sie heißen,
denn vom ʾîš ist sie genommen."

Diese Begründung hat keinen Rückhalt im Text, wo es ja ausdrücklich heißt, sie sei von *ʾadam* genommen. Diese "Erklärung", die grammatisch so gar nicht zum Kontext paßt[222], dürfte somit von anderer Hand stammen als die Verwandtschaftsformel. Einmal gehört sie nicht mehr zur Verwandtschaftsformel selbst, dann gibt sie eine Volksetymologie zum Wort ʾiššah, die sprachlich nicht einmal stimmt, denn ʾiššah hat von der Wurzel her nichts mit ʾîš zu tun. ʾîš und ʾiššah haben zwei unterschiedliche Wurzeln[223], jedoch den

---

[222] Vgl. hierzu Jürgen EBACH, Liebe und Paradies. Die Logik einer Erzählung und die Logik der Grammatik, in: Ursprung und Ziel - Erinnerte Zukunft und erhoffte Vergangenheit, Neukirchen 1986, 111-125: "Die feminine Form wird von der maskulinen *abgeleitet*, ... auf der Ebene der Grammatik manifestiert sich die Dependenz, die die Erzählung *nicht* enthält. Das Abgeleitete ist das Sekundäre, in der Sprache gilt ʾîš als die ursprüngliche Form, ʾišša, die Frau, als die nachgeordnete. Die Grammatik spiegelt dabei die tatsächlichen Herrschaftsverhältnisse wider, ja formuliert sie geradezu." (116f).

gleichen Klang. Wo die Frau allein steht, besonders in Gen 3, heißt sie immer 'iššah, wo sie mit dem Mann zusammen auftritt, steht regelmäßig 'adam und 'išto ("seine Frau" mit dem Suffix auf ihn bezogen).[224]

Der Jahwist muß somit seine Vorlage, die 'adam enthielt, jeweils ergänzt haben mit "und seine Frau" ('išto) und hat damit die Frau auf den Mann bezogen. Eine eigentliche Namengebung durch den Mann liegt hier jedoch nicht vor. Wörtlich heißt es: "Und sie wird 'iššah genannt werden, denn vom 'iš ist sie genommen."

Wesentlich ist für das Verständnis, daß mit diesen Erläuterungen der geschlechtliche Unterschied ausdrücklich in die Erzählung vom Garten Eden einbezogen ist. 'adam wird durch die 'iššah zum 'iš, zum Mann. Diese Erkenntnis einmal der Gleichwertigkeit, dann aber auch der Unterschiedenheit der Geschlechter, ist also nicht, wie viele spätere Interpretationen nahelegen, mit dem sog. Sündenfall verknüpft. Aus dieser Spannung zwischen 'adam einerseits und 'iš andererseits in Gen 2 lassen sich jedenfalls nochmals alle jene Mißdeutungen abweisen, die die Ereignisse in Gen 3 in irgendeiner Weise mit der Entdeckung des Geschlechtsunterschieds und mit der Zeugung in Verbindung bringen wollen.

Auf das Argument, durch die Ableitung der 'iššah aus 'iš sei auch eine Rangfolge gemeint in der Art, daß die Frau weniger sei als der Mann, ist noch einzugehen. Wenn das, aus dem etwas stammt, Priorität beanspruchen könnte, müßte dies auch für die analoge Aussage 'adam - 'adamah gelten. Wie die Frau aus 'adam, so wird in Gen 2 der Mensch aus der Ackererde geschaffen. Wenn das *erste* eine Wertaussage ist, muß es das zweite genauso sein, alles andere wäre unlogisch. Wer somit die Frau als wesenhaft dem Mann unterlegen

---

[223] Diese Feststellung ist in jedem hebräischen Wörterbuch angegeben. Trotzdem ist im ThWAT kein eigener Artikel 'iššah zu finden, sondern dort lediglich der Verweis auf 'iš. Die Ableitung der beiden Begriffe ist überaus bezeichnend: Obwohl deutlich gesagt wird, die Etymologie von 'iš sei ungewiß, wird zuerst die Ableitung von einer Wurzel "stark sein" oder auch "üppig sprossen" angegeben, eine Lösung jedoch nicht genannt. Bei 'iššah, wo die Etymologie ebenfalls als unsicher bezeichnet wird, ist zuerst die Ableitung von "krank, schwach sein" angegeben. Da beide Begriffe Primärnomen sind, sind alle postulierten Ableitungen immer schon von der Sicht des jeweiligen (männlichen) Interpreten bestimmt. Vgl. dagegen THAT, das einen eigenen Artikel 'iššah aufweist und die Ableitung von "schwach sein" eindeutig abweist.

[224] Den umgekehrten Fall gibt es nicht: " 'iššah und ihr Mann", Zeichen für den patriarchalischen Blickwinkel des Textes.

bezeichnet, weil sie aus ʾadam stammt, müßte auch den Menschen (Mann) als der Ackererde nachgeordnet bzw. untergeordnet anerkennen. Das aber wäre absurd. Bei allen Argumenten, die auf eine Reihen- bzw. Rangfolge abzielen, ist nach dem Motiv zu fragen.[225] Aber auch das gegenteilige Argument - das letzte Werk ist das beste, die Krönung von allem - fällt unter das gleiche Verdikt. Sogar wenn dies einem oberflächlich verstandenen feministischen Interesse entgegenkäme, bleibt es doch in einem hierarchischen Denken gefangen, wie es diesen Texten nicht gemäß ist.

ḥawwah

Eine dritte Bezeichnung für die Frau liegt gegen Ende des Textes vor, unmittelbar nach den ätiologischen Sprüchen:

"Und ʾadam nannte den Namen seiner Frau (ʾišto) ḥawwah, denn sie ist (wurde) die Mutter alles/aller Lebendigen." (Gen 3,20)

Einzig hier liegt eine Benennung vor, und zwar durch ʾadam, den Mann.

Was bedeutet ḥawwah? Die Textstelle selbst leitet den Namen von ḥaj = Leben ab. Doch könnte es sich um eine Volksetymologie handeln wie bei ʾiš - ʾiššah. Weil im Aramäischen ḥiwjah = Schlange heißt und die Erzählung Gen 3 auch mit einer Schlange zu tun hat, wird gelegentlich auf eine ursprüngliche Schlangengöttin geschlossen, wie sie in einer phönizischen Inschrift erwähnt ist.[226]

---

[225] Die Frage nach der Reihenfolge im Sinne: "Der erste ist der beste", wie er sich in antiken Texten häufig findet, läßt sich gerade auf Gen 1 und 2 *nicht* anwenden, wie KÜCHLER mit einer großen Zahl von Beispielen belegt hat. Der Gedanke stammt erst aus späterer Zeit (vgl. KÜCHLER a.a.O. 17ff) und wird dann von Jesus mit dem Satz zurechtgerückt: "Wer unter euch der Größte (Erste) sein will, der sei der Letzte von allen und der Diener aller" (Mk 9,35 par.)!

[226] Vgl. WESTERMANN, Genesis 364ff; hier und bei KAPELRUD in: ThWAT II, 794-798, auch weitere Spezialliteratur. John SKINNER, Genesis (ICC I), Edinburg 1930, 85, bezeichnet HVT als eine Unterwelt-Schlangen-Göttin; die hurritische Ḫbt, Sonnengöttin von Arinna, kann ebenso damit verwandt sein. - Die wenigen Angaben machen deutlich, daß mit *Ḥawwah* wohl die älteste Bezeichnung, die auf eine Göttin zurückgeht, gegeben ist.

Traditionsgeschichtlich ist der Name ḥawwah sicher viel älter als die übrige Erzählung; es liegt ein alter Name der "Urmutter" als Mutter allen Lebens vor, wie er auch noch Sir 40,1 von der *Erde* überliefert ist. Wie die Mutter Erde, so bringt ḥawwah alles Leben hervor. Weil der Name sehr alt ist, ist es angebracht, dafür sumerische Vorstellungen heranzuziehen. Die Göttin NIN-TI, die bereits bei der Erklärung der "Rippe" erwähnt wurde (die Silbe TI bedeutet "Rippe", aber auch "lebendig machen"), verbindet in eigenartiger Weise die beiden Vorstellungen, nämlich die Deutung der Rippe und die Erklärung des Namens ḥawwah. Kramer nennt dies das älteste Wortspiel der Welt.[227] Hinter dem Namen ḥawwah wird somit eine alte Göttin, NIN-TI oder NIN-TU, die "Herrin des Gebärens", sichtbar, die auch in der hebräischen Ableitung ḥaj = Leben noch durchschimmert.[228] Darauf, daß der Name ḥawwah in Gen 3,20 nicht ursprünglich sein kann, weisen die Kommentare hin. Dieses Relikt

---

[227] Zitiert bei KAPELRUD a.a.O. 797.

[228] Dieselbe Göttin ist es auch (später wird sie zu Ischtar), die in der Vorlage des babylonischen Gilgameschepos jene Position vertritt, die die Menschen schont, während der männliche Gott für die Vernichtung der Menschheit eintritt. Auf diesen Aspekt macht Othmar KEEL, Jahwe in der Rolle der Muttergottheit, in: Orientierung 53 (1989), 89-92, aufmerksam; denn es ist schon oft aufgefallen, daß in der Bibel Gott "vor und nach der Sintflut ein anderer" ist (90). Im Versprechen Jahwes Gen 8,20-22

"Ich will fortan nicht mehr
die Erde um des Menschen willen verfluchen,
denn das menschliche Denken ist böse von Jugend auf.
Ich will fortan nicht mehr
alles Lebendige schlagen, wie ich getan habe.
So lange die Erde steht, soll nicht mehr aufhören
Saat und Ernte, Frost und Hitze,
Sommer und Winter, Tag und Nacht."

"wandelt sich Jahwe plakativ gesagt von Enlil zu Ischtar. Die menschliche Erfahrung, die dem Gottesbild nach der Sintflut zugrundeliegt, ist die Erfahrung der Mutter, die das, was sie unter Mühen und Schmerzen hervorgebracht hat, unter keinen Umständen vernichtet sehen will" (a.a.O.).
Aber Gott geht hier noch weiter: besonders bemerkenswert ist die *Rücknahme* des Fluches über die 'adamah, wie sie Gen 3,17 ausgesprochen war. Die widersprüchlichen Züge Jahwes, die KEEL in der Sintfluterzählung herausgearbeitet hat, finden sich teilweise auch in Gen 2 und 3. Auf das Gottesbild des Jahwisten eigens einzugehen, fehlt hier der Raum; ich hoffe, dies andernorts tun zu können. Vgl. Helen SCHÜNGEL-STRAUMANN, Denn Gott bin ich, und kein Mann. Gottesbilder im Ersten Testament feministisch betrachtet, Mainz 1996, bes. 9-32.

aus alter Zeit kommt im übrigen nur noch einmal im AT vor, und zwar wenige Verse später in Gen 4,1, bei der Geburt des Kain.[229] Hier paßt der Name im übrigen viel besser, denn es wird wirklich von Leben-schaffen, nämlich von der ersten Geburt eines Menschen berichtet:

"Und 'adam erkannte ḥawwah, seine Frau ('išto),
und sie wurde schwanger und gebar den Kain.
Und sie sprach: hervorgebracht habe ich (ḳaniti)
einen Mann ('iš) mit (Hilfe) Jahwes ('et-jahwe)!"

Dieser eigenartige Vers, der noch nie befriedigend erklärt werden konnte, versammelt alle Begriffe, die in Gen 2 und 3 für Mann und Frau vorkommen: 'adam, 'iš - 'iššah und schließlich auch noch ḥawwah, sicher der älteste von allen. Der überladene Satz könnte leicht ohne ḥawwah auskommen und gäbe einen guten Sinn. Ohne ḥawwah als Eigennamen hätten wir mit 'adam und 'išto reine Gattungsbezeichnungen, mit dem Namen ḥawwah muß aber Gen 4,1 'adam nun zu einem männlichen Eigennamen (Adam) werden.

Schwieriger als der erste Teil von V. 1 ist der zweite: einmal spricht die Frau mit der gleichen Schöpfungsterminologie (ḳaniti) wie sie z.B. Spr 8,22 von göttlicher Erschaffung/Hervorbringung gebraucht wird.[230] Weiter ist der Begriff *iš* für ein Kind ganz singulär. 'iš heißt Mann, und zwar "erwachsener Mann". Wenn ḥawwah die Mutter *aller* Lebendigen ist, muß sie auch die Mutter von 'iš sein. Der Satz mit dieser Schöpfungsaussage und dem Namen ḥawwah dürfte somit aus einem älteren Mythos stammen, wo die Frau als Göttin (evtl. mit Hilfe einer männlichen Gottheit) alles Leben hervorbringt. Im Zusammenhang mit Gen 2 und 3 hätte dann ein Redaktor den Jahwenamen eingefügt. Im Rückblick auf Gen 2 kann dieser Satz nur als Ausruf der Freude über die erste Geburt übersetzt werden:

"Ich habe einen Mann hervorgebracht wie Jahwe!"

---

[229] Dies verweist wiederum auf die enge Zusammengehörigkeit von Gen 3 und 4. Vgl. auch oben S. 81ff.

[230] Darum bestreitet P. HUMBERT, daß ḳanah hier "erschaffen" bedeutet, weil es an allen anderen Stellen mit diesem Sinn *Gott* als Subjekt habe (zitiert bei WESTERMANN, Genesis, 395).

Die Frau stellt sich hier, was die Schöpfung angeht, Gott an die Seite und ist stolz auf ihr Werk.[231] Daß die Frau hier den Namen gibt bzw. erklärt (ḳaniti - Kain), spricht ebenso für ein sehr hohes Alter. Je älter die Texte sind, desto häufiger ist die Namensgebung durch die Mutter.

Daß *ḥawwah* sowohl in Gen 4,1 als auch in 3,20 entbehrlich ist, ist wahrscheinlich; offensichtlich wurde in Gen 3,20 ein alter, überkommener Titel der Urmutter eingefügt, der weder vom Mann abgeleitet noch von ihm gegeben war, aber im jetzigen Zusammenhang zur Domestizierung der Frau umgeformt ist. Ausgelöst ist die Namensgebung in Gen 3,20 offenkundig durch die ätiologischen Sprüche, wo erstmals über die Rolle der Frau als Mutter die Rede ist. So wird ältestes Material an - vermeintlich - passender Stelle eingefügt. Daß gerade die älteste Bezeichnung, die ursprünglich einmal die höchste Stellung für die Frau ausgedrückt hat, später verwendet wurde, um aus ihr den Namen EVA abzuleiten mit allen Konsequenzen, die oben aufgezeigt wurden, erscheint damit als besonders grotesk.

Einzig in Gen 3,20 kann von einem *Herrschafts*anspruch des Mannes gesprochen werden, denn die Benennung durch einen anderen schließt dessen Überlegenheit ein. Benennen ist ein Herrschaftsakt! Während Gen 2,23 ausdrücklich nicht von einer Namensgebung durch den Mann die Rede ist, sondern nur die Tendenz erkennbar war, die Bezeichnung "Frau" aus "Mann" abzuleiten (Luther: Mann - Männin), ist in Gen 3,20 der Mann eindeutig derjenige, der einen Namen verleiht und damit seinen Vorrang zum Ausdruck bringt. Damit betätigt sich *'adam* im negativen Sinn: Unmittelbar nach dem Spruch über *'adam* schreitet er zur Namengebung, benennt seine Frau *ḥawwah*, d.h. er leitet damit

---

[231] A.S. FEILSCHUSS-ABIR, Erschaffung, Bestimmung und Stellung der Frau in der Urgeschichte in anthropologischer Sicht, in: ThGl 76 (1986), 399-423, sieht etwas anders in dem Satz Gen 4,1 ein Mythenfragment aus dem Hawwa-Komplex, wo die schöpferische Frau die Hilfe einer männlichen Gottheit benötigt, analog dem Anfang des *Atramhasis*-Mythos. Gen 4,1 wäre dann Jahwe an diese Stelle getreten. Der Verfasser sieht hier eine "Schöpfungsaussage über die Entstehung von *'iš*" (417).
Alle anderen, z.T. an den Haaren herbeigezogenen Deutungen dieses *'iš*, das nie für ein neugeborenes Kind gebraucht wird (z.B. daß es sich auf den kommenden Mann beziehe oder daß damit *'adam* gemeint sei, der nun für *ḥawwah* endgültig zu ihrem Mann werde u.a.), sind zusammengefaßt bei WESTERMANN, Genesis 395ff.

seine ungerechte *Herr*schaft über die Frau ein. Der ursprüngliche Inhalt des Namens ḥawwah war positiv, aber durch die Plazierung im Text und die Herrschaftsausübung des Mannes wird er zu einem exemplarischen Zeichen der Sünde, wie sie von nun an die Welt be*herr*scht.

Rückblick und Kritik

Daß der Text der beiden Kapitel Gen 2 und 3 nicht einheitlich ist, wurde wohl überaus deutlich. Es handelt sich um Erzählungen, die gewachsen sind, ohne daß immer genaue Zeitangaben gemacht werden können. Eine präzise Datierung des Jahwisten wie auch der späteren Überarbeitungen kann nicht ohne eine Gesamtlösung der Pentateuchfrage geschehen, die hier nicht geleistet werden kann und auch in absehbarer Zeit nicht in Sicht ist.

Insgesamt kann wohl festgehalten werden, daß der Text selbst ein Gefälle aufweist: Je später die Aussagen, desto mehr gehen sie in eine für die Frau ungünstige Richtung, eine zunehmende Verschärfung der Aussagen über die Frau ist somit feststellbar.

Unbestritten bleibt, daß der/die Verfasser eine patriarchalisch strukturierte Gesellschaft spiegeln und der einseitig männliche Blickwinkel an allen Stellen deutlich wird. Gerade deswegen ist es erstaunlich, daß die Rolle der Frau überhaupt in der ausführlichen Weise reflektiert wird, wie dies geschieht. Die Frau bleibt jedoch immer Objekt, sie ist das Gegenüber, der Mann ist das Subjekt. (Der Jahwist könnte z.B. nicht sagen, die Frau sei zuerst erschaffen und der Mann zu ihrer Hilfe.) Nur in Gen 3,1-7, einem Stück, das ein vorisraelitisches Stadium wiederspiegelt, handelt die Frau allein und eigenständig.[232]

Die Erzählungen zeigen ein langes Ringen um das Verhältnis Mann - Frau, deswegen dürfen Einzelaussagen nicht aus dem Zusammenhang gerissen und *absolut* gesetzt werden; letztlich verbindlich sind nicht Einzelaussagen, die immer wieder so oder anders interpretierbar sind, vielmehr könnte der *Ernst*, mit dem nach einer Lösung gesucht wird, die für gläubige Israeliten im Sinne ihres

---

[232] Dazu käme noch Gen 2,24 und die ursprüngliche Bedeutung von ḥawwah (s.o.).

Gottesglaubens als *gerecht*[233] erscheint, heute beispielhaft sein. Alle Einzelaussagen sind kritisierbar; werden sie aus dem Kontext gerissen, haben sie oft für die Frau eine geradezu verheerende Wirkung.

Weil ausgerechnet Gen 2f solange dazu hat herhalten müssen, Frauen in den von Männern gewünschten Strukturen zu halten, ist hier besonders der gesamte androzentrische Blickwinkel einer *theologischen* Kritik zu unterziehen. Kriterium ist dabei der Gott der Bibel, der ein Gott der Unterdrückten ist. Er kümmert sich besonders um Witwen und Waisen und um die, die zu kurz kommen. Dieser Gott der Befreiung, der auch Israel selbst aus der Skalverei Ägyptens befreit hat, ist das Maß bei dieser "Option für die Unterdrückten" - in Abwandlung zu der "Option für die Armen", da bei dieser Formulierung auch wieder einmal "unsichtbar" bleibt, daß rund zwei Drittel davon Frauen und Kinder sind!

Wenn die Bibel nicht-sexistisch interpretiert wird, heißt dies, daß alle jene Stellen, die die gesellschaftlich schlechtere Position der Frau spiegeln, kritisch betrachtet und einer historisch überholten Denkweise zuzuordnen sind. Solche Aussagen dürfen dann keine theologische oder gar dogmatische Aussagekraft beanspruchen. "Unterdrückende patriarchale Texte und sexistische Traditionen können nicht die Autorität göttlicher Offenbarung beanspruchen. Unterdrückung fördernde Texte und Traditionen sind als androzentrische Ausdrucksformen patriarchaler Interessen und Strukturen zu brandmarken."[234] Dies wird schon lange praktiziert,

---

[233] Dieser Zentralbegriff der hebräischen Bibel, der häufig mit "Gerechtigkeit" übersetzt wird, ist ein Verhältnisbegriff. Klaus KOCH (in THAT II, 507-530) gibt ihn mit "gemeinschaftstreu/heilvoll sein" wieder. In dieser Haltung steht, wer seine verschiedenen Beziehungen und Bindungen in einem guten, ausgewogenen Verhältnis hat. Wo solche ṣᵉdaḳah gestört ist, stellt Gott das Gleichgewicht wieder her. Darum muß er eingreifen zugunsten von Witwen und Waisen, wenn ihnen keine ṣᵉdaḳah zuteil wird. Gott nimmt also Partei für die Unterdrückten, das sind häufig Frauen, um die "Weltordnung" wiederherzustellen.
Im Akkadischen stehen übrigens dafür die Göttin Kittu(m) und der Gott Miesaru(m), im Ägyptischen die Göttin Ma'at, die für Wahrheit und Gerechtigkeit einstehen und die "Weltordnung" garantieren. - Vgl. dazu meinen Artikel "Recht/Gerechtigkeit" im WFT, 339f.
[234] Elisabeth SCHÜSSLER FIORENZA, Brot statt Steine. Die Herausforderung einer feministischen Interpretation der Bibel, Fribourg 1988, 53. Vgl. auch Adela YARBRO COLLINS (Hg.), Feminist Perspectives on Biblical

wenn es um andere gesellschaftliche Fragen, z.B. der Sklaverei, geht. Niemand könnte es sich heute mehr erlauben, etwa unter Berufung auf isolierte Bibelstellen, die Sklaverei wieder einzuführen, obwohl diese doch im Alten und auch im Neuen Testament als selbstverständlich vorausgesetzt wird. Auch in der Frage des Menschseins der Frau, über die man noch in christlicher Zeit heftig diskutiert hat, würde sich heute lächerlich machen, wer dagegen alttestamentliche Bibelstellen bemühte. In subtileren Fragen geschieht dies jedoch immer noch, vor allem dann, wenn männliche Interessen von Vormachtstellung und Einfluß tangiert sind. Deswegen muß sich jede Auslegung die Frage nach ihren Interessen gefallen lassen.

Eine rein objektiv-neutrale Auslegung gibt es schlechthin nicht. Dies hat vor allem die Wirkungs- und Rezeptionsgeschichte gezeigt. Eine lange Auslegungsgeschichte ist in jedem Jahrhundert von männlichen Interessen und Legitimationsversuchen bestimmt, häufig gerade dort am meisten, wo die Ausleger ihre Objektivität betonen. Dies gilt sogar noch für die Verfasser moderner Kommentare. Es geht nicht darum, heutige Fragen naiv in den Text hineinzulegen und dem Jahwisten eine Antwort auf unsere heutigen Fragestellungen aufzubürden - die dieser natürlich nicht leisten könnte - , sondern mit den Fragestellungen (und Leiden) heutiger Frauen und mit der ganzen Last der Geschichte die Texte kritisch anzugehen. Feministische Exegese kann darum nie neutral sein, sondern sie nimmt Stellung zugunsten der Frauen im Sinne des Gottes der Bibel.[235] Sogar bei rein historischen Fragen gibt es keine völlig unbeteiligte, neutrale Darstellung. In Gen 2 - 3 geht es aber gerade nicht um eine historische Frage oder gar um beliebige Fakten, sondern hier, wo es um das Menschsein schlechthin, um das Mann- und Frausein geht, ist eine Auslegung ohne Vorverständnis von vorneherein unmöglich.

Scholarship (SBL 10) Chico, Cal. 985; Rosemary RADFORD RUETHER, Sexismus und die Rede von Gott. Schritte zu einer anderen Theologie, Gütersloh 1985, besonders 193-230; Letty M. RUSSELL (Hg.), Als Mann und Frau ruft er uns. Vom nichtsexistischen Gebrauch der Bibel, München 1979, und dies. (Hg.), Befreien wir das Wort. Feministische Bibelauslegung, München 1989.

[235] Dabei geht es letztlich nicht nur um die Befreiung der Frauen, sondern auch der Männer. Dies wird von immer mehr sensiblen Männern wahrgenommen. Nicht nur die Unterdrückten, auch die Unterdrücker erleiden Schaden und sind letztlich die Dummen! In diesem Sinne äußern sich z. B. Ernst GUTTING, Offensive gegen den Patriarchalismus. Für eine menschlichere Welt, Freiburg ³1988.

Feministisch-kritische Auslegung muß darum nicht nur eine einseitige Auswahl und eine tendenziöse Auslegung, sondern durchaus auch die biblischen Texte selbst kritisieren. Dazu gehört eine mühsame historische und exegetische Kleinarbeit, wie sie die historisch-kritische Forschung entwickelt hat. Bei dieser Methode ist ja das Moment der Kritik - auch der Kritik der eigenen Voraussetzungen - ausdrücklich mitbedacht.

Freilich gibt es auch feministische Richtungen, die diesen mühsamen Weg der Aufarbeitung und Kritik nicht (mehr) gehen wollen. Von manchen wird die Bibel insgesamt abgelehnt als Produkt patriarchaler Herrschaft, das von Frauen nicht mehr akzeptiert werden könne (exemplarische Vertreterin hierzu ist Mary Daly). Mit dieser Richtung kann nicht mehr exegetisch argumentiert werden. Frauen dürfen m.E. nach das Erbe der jüdisch-christlichen Überlieferung - die Bibel - gerade *nicht* aufgeben. Es ist auch *ihr* Erbe, und es gibt schlechthin nichts, was an ihre Stelle zu setzen wert wäre!

In anderen - eher populären feministischen - Darstellungen wird die Frau am Anfang zu einer Göttin gemacht. Indem historische Fragestellungen einfach übersprungen werden und Material aus verschiedensten Epochen unterschiedslos neu gemischt wird, werden nicht die Bibeltexte ausgelegt, sondern es wird sozusagen eine "Neuschöpfung" vorgenommen (z.B. Christa Mulack, Elga Sorge, Gerda Weiler u.a.). Solche Darstellungen, die z.T. bereits in nicht gedruckten Examensarbeiten im einzelnen kritisch betrachtet werden,[236] sind auch in neueren Zusammenfassungen schon ausführlich besprochen.[237] Diese Ansätze arbeiten fast durchweg mit einer starken Re-Mythisierung und Psychologisierung des biblischen und außerbiblischen Materials. Viele dieser Spekulationen, die weder historischer noch sprachlicher Nachprüfung standhalten, kehren die

---

[236] Für unsere Themenstellung seien genannt: Janna KAPPEI, Die Aufnahme des "Sündenfalls" in feministischer Theologie - Dargestellt anhand ausgewählter Beispiele, 1988 (Univ. Göttingen); Ulrike KURBJEWEIT, "Sie gab von der Frucht ihrem Manne und er aß". Feministische Zugänge zum Alten Testament mit besonderer Berücksichtigung der Erzählung vom Paradies (Genesis 2/3), 1986 (Univ. Bonn); Heike Schwanitz, Die Rezeption von Genesis 3 in Feministischer Theologie, 1986 (Univ. Hamburg).
Die zum Kopieren zur Verfügung gestellten Arbeiten sind zu beziehen über die AGG, Rheinweg 34, 53113 Bonn.
[237] Vor allem Marie-Theres WACKER (Hg.), Der Gott der Männer und die Frauen, Düsseldorf 1987; vgl. auch Uwe GERBER, Die feministische Eroberung der Theologie, München 1987.

Verhältnisse einfach um: die Frau wird vergöttlicht, der Mann verteufelt. Damit bleibt aber der alte Teufelskreis erhalten, nur mit umgekehrten Vorzeichen. Das Gerangel um den besten Platz, besonders aber der Versuch, die Schuld an der gegenwärtigen Welt und ihren drohenden Katastrophen von einem zum anderen zu schieben, ist nach der jahwistischen Aussage gerade die *Folge* des Abfalls von Gott und eine Ver-kehrung der ursprünglichen Ordnung. Solche Versuche bleiben somit genau in den Strukturen stecken, die sie kritisieren.

Es ist dem berechtigten feministischen Anliegen kein Dienst erwiesen, wenn die Frau in den Genesistexten zu einer ursprünglichen Göttin hochstilisiert wird. Woher immer der Jahwist sein Material auch nimmt, so geht es ihm im Gegensatz zu allen späteren Dämonisierungen *um die volle Menschlichkeit der Frau*. Die Frau ist keine Göttin und der Mann kein kleiner Herr-Gott. Gegen die Erfahrungen seiner Zeit und gegen alle späteren Verunglimpfungen zeigt der Verfasser die Frau als gleichwertige und gleichmenschliche Partnerin des Mannes. Frau und Mann sind von Gott geschaffen, beide sind verantwortlich, beide sind fehlbar; beide sind zur Weltgestaltung nach dem jeweiligen Erkenntnisstand *ihrer* Zeit aufgefordert.

Genesis 1

Die Aussagen der Priesterschrift (P) über die Gottebenbildlichkeit von Mann und Frau (Gen 1,26-28)

Kontext und Quelle

Der jüngere Schöpfungstext, Gen 1, stammt von einem anderen Verfasser und aus einer anderen Zeit als die narrativen, eher volkstümlichen Erzählungen von Gen 2f. Wegen der stark formelhaften Sprache, des großen Interesses an Ordnung und kultischen Einrichtungen sowie der Freude an Zahlen und an Symmetrie wurde für diese Quelle die Bezeichnung Priesterschrift (P) gewählt. Der/die Verfasser müssen aus Kreisen mit priesterlicher Tradition stammen, evtl. handelt es sich auch um eine ganze Schule.

Die Zeit der Entstehung ist deutlicher festzumachen als bei Gen 2f. Die Priesterschrift ist im Babylonischen Exil (587-538 v. Chr.) entstanden und danach noch weiter bearbeitet worden. Gen 1 ist somit in das 6. Jh. v. Chr. zu datieren, in ein Jahrhundert des Umbruchs und Zusammenbruchs. In dieser Zeit ist alles verloren, was für Israel konstitutiv war: die Eigenstaatlichkeit, der König, die Hauptstadt Jerusalem, der Tempel und damit der Kult, die Freiheit insgesamt. Israel muß sich auf das Wesentliche besinnen, auf eine neue Mitte. Was ist nach dem Zusammenbrechen aller alten Ordnungen - damit hängt ja schließlich der Gottesglaube aufs engste zusammen! - jetzt überhaupt noch Kern des Glaubens? Was unterscheidet gläubige Israeliten von anderen Völkern, vor allem den Babyloniern mit ihren Göttern und ihrem ausgeprägten Gestirnskult, unter denen die Israeliten von jetzt an leben müssen? Zu diesem wesentlich Unterscheidenden macht der Schöpfungsbericht in Gen 1 prägnante und die Zukunft bestimmende Aussagen.

Auch der Priesterschrift ist wie Gen 2f eine Urgeschichte vorgegeben, die von der Schöpfung bis zur Flut reicht. Diese Quelle gestaltet somit ebenfalls einen vorgegebenen Rahmen aus. Anders als der ältere Jahwist spricht sie jedoch nur von der Schöpfung; eine Erzählung, wie die Sünde in die Welt gekommen ist, hat sie nicht. Die Priesterschrift berichtet von der Erschaffung der Welt und der Lebewesen in sechs Tagen und schließt jeden Tag mit der

Bemerkung: "Und Gott sah, daß es gut war." Damit wird das Böse, der Einbruch der Sünde in die Schöpfung, implizit als nicht von Gott kommend bezeichnet, wenn auch die Priesterschrift nicht davon redet. Diese Quelle kommt also ohne eine Geschichte über das Böse aus. Gemeinsam mit den Aussagen von Gen 2f ist besonders:

> Die Menschen sind von Gott geschaffen,
> die Menschen sind von Gott *gut* geschaffen,
> die Menschen sind als Mann und Frau geschaffen,
> die Menschen werden von Gott ausgestattet,
> die Menschen sind als ver-antwortliche Wesen dialogfähig gegenüber Gott, gegenüber ihren Mitmenschen und gegenüber der übrigen Schöpfung geschaffen.

Als Ziel dieses Schöpfungsberichtes wird meist angegeben, der Mensch sei die Krone der Schöpfung. Diese Deutung ist zwar weit verbreitet, aber trotzdem falsch, denn das Ziel, der Höhepunkt dieses Textes, ist nicht der Mensch, sondern *der Sabbat*.

Der *Sabbat*, der siebte Tag, an dem Gott ruht und an dem alles zur Vollendung kommt, ist das Ziel des Verfassers. Daraufhin ist der ganze Bericht konzipiert. Aus diesem Grund preßt der Verfasser acht Werke künstlich in sechs Tage hinein, um die für ihn wichtige Siebenzahl zu erreichen. Daß der Text in der christlichen Tradition, und zwar fast von Anfang an, in diesem Punkt einseitig ausgelegt wurde, zeigt die ganz unsinnige Kapiteleinteilung. Der priesterschriftliche Schöpfungsbericht geht bis Gen 2,4a, der jahwistische Bericht vom Garten Eden und dem sog. Sündenfall beginnt mit 2,4b. Die altchristliche Kapiteleinteilung hat somit den Schluß des priesterschriftlichen Schöpfungsberichtes nach der Erschaffung des Menschen einfach weggebrochen. Diese Einteilung besteht seit Origenes (185-254), also seit dem 3. Jh. Seither wird in der christlichen Tradition die Schöpfung als ein Sechstagewerk (Hexaëmeron) gesehen.[238] Darauf, daß gerade diese Fehleinteilung mit ein Grund für das stark auf den Menschen zentrierte Weltbild und den Ausschluß der übrigen Schöpfung ist, machen neuerdings Werke aufmerksam, die von der ökologischen Krise ihren Ausgangspunkt

---

[238] Hier müßte ein Exkurs über das ganze abendländisch-christliche Menschenbild eingeschoben werden, was aber nicht geleistet werden kann.

nehmen.[239] Selbstverständlich bekommen alle Aussagen über den Menschen und damit auch über die Frau ein anderes Schwergewicht, wenn man sie nicht, wie häufig geschehen, an die Spitze einer Pyramide stellt, die angeblich die Erschaffung der Menschen in dieser Quelle darstellt.

Mit der Zielsetzung dieses Berichts, dem Sabbat, kommen wir wiederum in die Zeit seiner Entstehung, dem Babylonischen Exil. Gerade weil im Exil die rein nationalen Aspekte nicht mehr ausreichen, wird nun der Sabbat, der in der Schöpfungsordnung begründet ist, zu einem Unterscheidungsmerkmal des gläubigen Juden - nach dem Exil erst darf man von Jude sprechen - gegenüber den anderen Völkern, den Heiden.

'adam in der Priesterschrift

Trotz dieser Vorbemerkung müssen sich hier die Aussagen auf den Menschen beschränken, wie sie sich Gen 1,26-28 in dem Abschnitt über die Erschaffung von 'adam finden. Versteht man 'adam als Mensch in der männlichen Form, könnte natürlich bereits von Anfang an ein Mißverständnis, das eine lange Tradition hat, daß nämlich hier vom *Mann* die Rede ist, gestärkt werden.[240] Gen 1 spricht vom Menschen durchgehend als 'adam.[241] Dieser Begriff, der immer nur im Singular vorkommt, ist auch hier ein Kollektiv, einen Plural davon gibt es nicht. Die Bedeutung von 'adam ist übrigens in der ganzen alttestamentlichen Zeit gleich. Am häufigsten findet sich der Begriff in Gen 1-11 und bei Ezechiel; für die Urgeschichte bedeutet dies, daß 'adam gerade dieses Urzeitliche, das Allgemein- und allgemeingültig Menschliche ausdrücken will. Bezüglich Ezechiel, der ein Prophet der Exilszeit ist, zeigt diese Häufung die besondere Vorliebe der Zeit für diesen Terminus, der die Menschen im allgemeinen, nicht unter bestimmten nationalen Aspekten, bezeichnet. Die Betonung bei

---

[239] Vgl. vor allem Erich ZENGER, Gottes Bogen in den Wolken, Untersuchungen zu Komposition und Theologie der priesterschriftlichen Urgeschichte (SBS 112), Stuttgart 1983, ²1987; Günter ALTNER (Hg.), Ökologische Theologie. Perspektiven zur Orientierung, Stuttgart 1989.

[240] S.o.S. 43ff. und Luise SCHOTTROFF, Schöpfung im Neuen Testament, in: Ökologische Theologie (s. Anm. 239), 130-148; hier 135 auch ein Schema zur Deutung von 'adam im NT.

[241] Vgl. Claus WESTERMANN, Art. 'adam/Mensch, in: THAT I, 41-57.

'adam, das nie ein selbständiges (modern geprägtes) Individuum bezeichnet, liegt auf der Abhängigkeit von Gott. 'adam ist vor allem die von Gott geschaffene Menschheit, die von ihm abhängig ist und bleibt. "Das Menschenverständnis des AT geht nicht von einem an sich seienden, in seiner eigenen Existenz beruhenden Menschen aus, der dann so oder so in Beziehung zu Gott tritt; vielmehr ist mit 'adam ein zu Gott in Beziehung stehendes Menschsein gemeint. Der Mensch kann als solcher gar nicht bestimmt, gar nicht verstanden werden, ohne daß seine Existenz im Gegenüber zu Gott gesehen ist."[242]

'adam ist darum auch in Gen 1 erst recht nie ein Eigenname. Nur wer Gen 1 von einer falschverstandenen Adam-Eva-Interpretation von Gen 2f her liest, kann überhaupt auf die Idee kommen, hier ein Individuum anzunehmen. Gen 1 spricht nie von einem einzelnen Menschen, sondern immer von der *Gattung* Mensch. Außer in dem Begriff *'adam* selbst steckt die Aussage, daß in Gen 1 immer von Mann und Frau die Rede ist, auch noch ausdrücklich in V. 26f: hier wird berichtet, wie 'adam in männlicher und weiblicher Ausprägung geschaffen werden.

Erschaffung der Menschheit - männlich und weiblich - als Bild Gottes[243]

Am Ende der Schöpfungswerke, am sechsten Tag, steht die Erschaffung von 'adam. Nach der Bildung der Landtiere wird in einem eigenen Abschnitt über die Menschenschöpfung berichtet. Die Erzählung wird - anders als bei den übrigen Schöpfungswerken - mit einem expliziten Entschluß Gottes eingeführt:

"26 a Und 'elohim (Gott) sagte:
 b 'Laßt uns Menschen machen als unser Bild: etwa in unserer Gestalt,

---

[242] WESTERMANN a.a.O. 50f.

[243] Vgl. dazu besonders Walter GROSS, Die Gottebenbildlichkeit des Menschen im Kontext der Priesterschrift, in: ThQ 161 (1981), 244-264; in Anlehnung an diese Ausführungen ist die folgende Übersetzung entstanden. Hier findet sich auch die detaillierte Auseinandersetzung mit anderen exegetischen Positionen. Die Diskussion früherer exegetischer und systematischer Positionen ist handlich zusammengefaßt in dem Sammelband Leo SCHEFFCZYK (Hg.), Der Mensch als Bild Gottes , Darmstadt 1969.

c damit sie herrschen über die Fische des Meeres,
über die Vögel des Himmels und über das Vieh und über
alles wilde Getier auf der Erde und über alles
Kriechgetier, das auf der Erde kriecht.'"

In diesem Vorsatz Gottes, der im Plural steht, wären vor allem die beiden Begriffe für "Bild" zu klären. Mit 'adam sind eindeutig alle Menschen gemeint. Die Fortsetzung spricht von ihnen dann auch im Plural. In einem Finalsatz wird deutlich, wozu diese Erschaffung als Bild Gottes dient: die Menschen sollen herrschen.

Nur in V. 26 wird die Aussage vom Bild Gottes mit zwei verschiedenen Begriffen gemacht, es stehen hier die beiden Ausdrücke selem (Bild, Gestalt, Standbild, etwa eines Königs) und zusätzlich d^{e}mut ("etwas in der Ähnlichkeit wie").[244] Die vorsichtige Formulierung "als unser Bild: etwa in unserer Gestalt" heißt auch, daß dem Verfasser eigentlich die Worte fehlen, um das auszudrücken, was er meint. Den gleichen Ausdruck *d^{e}mut* verwendet z.B. der Prophet Ezechiel, wenn er seine Visionen beschreibt. Damit bringt er zum Ausdruck, daß ihm letztlich die passenden Worte gar nicht zur Verfügung stehen: Ich sah etwas, das aussah wie ... das ähnlich war wie ... (vgl. Ez 1,5.16.22.26).[245]

Der Priesterschrift liegt ja das Bilderverbot vor. Von Jahwe, dem Gott Israels, darf kein Bild gemacht werden, so bestimmen Ex 20,4 und Dtn 5,8. Diese Verbotssätze verwenden jedoch andere Termini für "Bild" als Gen 1,26f. Zudem spricht der Schöpfungsbericht hier auch nicht von einem Bild Jahwes, sondern von einem Bild 'elohims. Für eine Einschränkung sorgt dann zusätzlich noch der Plural: die Priesterschrift schließt hier wohl 'elohim/Gott mit dem himmlischen Hofstaat zusammen ("Laßt uns ..."). Dem Göttlichen entspricht der Mensch, und zwar in seiner Ganzheit.

Der Mittelteil gibt die Ausführung an:

"27 a Und es erschuf *'elohim 'adam* als sein Bild
    b als Bild *'elohims* erschuf er *ihn*,
    c männlich und weiblich erschuf er *sie*."

---

[244] Vgl. den sehr informativen Abschnitt über diese beiden Begriffe bei Silvia SCHROER, (s. Anm. 188), 322-332.

[245] Der Begriff weist auch sonst nach SCHROER (s. Anm. 192) in die Exilszeit.

In dieser dreiteiligen Ausführung wird der Mensch in den ersten beiden Zeilen im Singular bezeichnet, in der dritten Zeile steht ein Plural, wobei hier grammatisch eine gewisse Spannung entsteht. Zweimal fällt hier das Wort ṣelem (Bild). Die Ausführung des göttlichen Vorsatzes ist kürzer geschildert als der Entschluß. Neu ist der Zusammenhang der Aussage "männlich und weiblich erschuf er sie"[246] mit der Erschaffung als "Bild". Damit kommt der Satzteil "männlich und weiblich erschuf er sie" genau in die Mitte der Sätze über die Menschenschöpfung zu stehen. Ganz zentral ist somit auch hier - wie in Gen 2, wo die Erschaffung der Frau in den Garten, in die gute Ordnung Gottes gehört - die Differenzierung der menschlichen Geschlechter in die Schöpfung eingebunden. Sie gehört zu der persönlich von Gott ausgeführten Schöpfung, wie sie in diesem Vers dreimal mit dem Verb bara' = erschaffen ausgedrückt wird; dieses Verb wird ausschließlich vom voraussetzungslosen Schaffen Gottes gebraucht. Wie in Gen 2 Gott ausdrücklich selbst feststellte, daß es nicht gut sei für 'adam, daß er allein sei, so gehört bei P die Bestimmung "männlich und weiblich" in die gute Ordnung Gottes. Sie gehört nicht nur in die Schöpfung, sondern noch enger in die Abbildlichkeit Gottes hinein. Damit wären schon grundsätzlich alle Auslegungen abgewehrt, die die Entdeckung der Geschlechtlichkeit oder die Leiblichkeit insgesamt als etwas Minderwertiges, als etwas, das der Mensch eigentlich überwinden müßte, ansieht. Die Leiblichkeit, die ja in einer späteren dualistischen und leibfeindlichen Tradition fast ausschließlich der Frau zugewiesen wurde, während der Mann auf die Seite des Geistes zu stehen kam, ist hier voll in die Schöpfung und die Aussage der Gottbildlichkeit integriert. Denn "männlich und weiblich" bezieht sich auf den *ganzen* Menschen. Eine Aufteilung des Menschen in Geist und Körper oder etwa eine Beschränkung der Gottbildlichkeit auf die Seele hätten die Verfasser von Gen 1 gar nicht verstanden, weil diese griechische Aufteilung des

---

[246] Daß der Satzteil "Als Mann und Frau schuf er sie" ein Zusatz sei, ist ganz singulär bei Werner H. SCHMIDT, Die Schöpfungsgeschichte der Priester-schrift. Zur Überlieferungsgeschichte von Genesis 1,1-2,4a und 2,4b-3,24, Neukirchen ³1973, 145ff, ausgesprochen. Weil das Kollektiv "die Mensch-heit" die Differenzierung der Geschlechter bereits einschließe, hält der Verfasser diesen Satzteil für "unnötig". - Dafür bietet jedoch der Text keinerlei Anhalts-punkte, zumal die Adjektive "männlich und weiblich" auch sonst für P charak-teristisch sind und hier auch wegen des folgenden Fruchtbarkeitssegens nicht fehlen dürfen.

Menschen dem hebräischen Denken fremd war. Der Mensch *als Ganzes*, in seiner weiblichen und männlichen Ausprägung, ist Bild Gottes.
Der dritte Teil bringt die Folgen dieser Erschaffung, den Segen Gottes:

> "28 a Und es segnete sie ʾelohim,
> b und es sprach zu ihnen ʾelohim:
> c Seid fruchtbar und werdet zahlreich
> d und füllet die Erde
> e und unterwerft sie
> f und herrscht über die Fische des Meeres und die Vögel des Himmels und über alles Getier, das auf der Erde kriecht."

Die Aussagen dieses prägnanten Textes sind insgesamt nicht auf dem Hintergrund ihrer langen Traditionsgeschichte, sondern zunächst auf ihrem *eigenen* zu lesen; denn dieser Text wurde theologisch außerordentlich stark überfrachtet. Die Priesterschrift will nicht metaphysische Aussagen über den Menschen machen, sondern sie gibt Stellung und Aufgabe des Menschen auf dem Hintergrund altorientalischer Welt- und Menschenvorstellung an. Dabei sagt der Text selbst, was unter "Bild Gottes" zu verstehen ist: der Finalsatz in V. 26 gibt das *Herrschen* an, und dies ist am Schluß, in V. 28, wiederholt (wobei hier die Aufzählung der Tiere kürzer ist). Die Priesterschrift hat die altorientalische Königsideologie im Blick, wo der König als Stellvertreter der Gottheit auftritt. Solche Vorstellungen waren vor allem in Ägypten ausgeprägt. König oder Königin traten dort als Repräsentanten der Gottheit auf. In Ägypten wird der König als Bild (ḥntj) eines Gottes bezeichnet, weil er als dessen "lebendiges Kultbild" gilt. "Ursprünglich bezeichnet es eine Statue, und zwar sowohl von Privatpersonen als auch von Königen und von Göttern, speziell die in der Prozession getragene Statue. Es besagt also zunächst, daß der König die öffentliche, sichtbare Erscheinungsform Gottes sei, die er auf Erden gegeben hat. Das Wort ḥntj wird in dieser Verwendung auch gern mit dem Attribut 'lebend' versehen. So heißt Hatschepsut auf ihrem nördlichen Obelisken in Karnak 'Sein lebendes Bild, König von Ober- und Unterägypten, Makare, das Gold der Könige'; in Deir el Bahari nennt Amun sie: 'Mein lebendes Abbild auf

Erden' und gibt späterhin Amenophis II. die gleiche Bezeichnung."[247]
Dies wird auch durch neuere Untersuchungen neu bestätigt. Boyo
Ockinga gibt weitere Beispiele in deutscher Übersetzung aus einer
Inschrift Amenophis IV., wo der Gott Amun zum König spricht:

> "Dieses Land habe ich in seiner Länge und Breite geschaffen
> um auszuführen, was mein Ka wünscht;
> Dir habe ich gegeben /// meine //// insgesamt;
> Du beherrschst es (das Land) als König, so wie (zu der Zeit)
> als ich König von Ober- und Unterägypten war;
> Du bewirtschaftest es für mich aus liebendem Herzen,
> denn du bist mein geliebter Sohn, der aus meinem Leibe
> hervorgegangen ist,
> mein Abbild, das ich auf Erden gestellt habe.
> In Frieden lasse ich dieses Land regieren,
> indem du die Häupter aller Fremdländer tilgst."[248]

Interessant ist wiederum, wie Israel, hier die Priesterschrift, mit
diesem vorgegebenen Material umgeht. Entscheidendes ist
uminterpretiert: Während es sich in Israels Umwelt um herausragende
Einzelpersonen handelt, ist für die Priesterschrift der Mensch *als
Mensch* Stellvertreter Gottes. Dies wird besonders darin deutlich, daß
das Herrschen als die besondere Füllung dieser Aussage zu sehen ist.
Nicht in seinem "Geist", auch nicht in seiner "Seele" oder in seiner
"aufrechten Gestalt" ist der Mensch Bild Gottes, sondern in seiner
Funktion als Verwalter/in der Welt. Dieses Verwalten oder Herrschen
wird bereits in der altorientalischen Tradition gern mit dem Bild des
Hirten dargestellt. Auch in Israel ist der gute König/die gute Königin
Hirte des Volkes, so wie Jahwe, der sein Volk leitet und schützt (vgl.
Ps 23). Solches "Herrschen" bedeutet somit nicht willkürliches
Verfügen - dem steht gerade entgegen, daß die Menschen in der
priesterschriftlichen Schöpfungsgeschichte die Tiere nicht verzehren
dürfen; dies ist erst nach der Sintflut erlaubt - , sondern es heißt

---

[247] Eberhard K. OTTO, Der Mensch als Geschöpf und Bild Gottes in Ägypten,
in: Hans Walter WOLFF (Hg.), Probleme biblischer Theologie (FS Gerhard von
Rad), München 1971, 335-348, hier 345.
[248] Boyo OCKINGA, Die Gottebenbildlichkeit im Alten Ägypten und im Alten
Testament, in: Ägypten und Altes Testament, Bd. 7, Wiesbaden 1984, 146; hier
auch weitere Beispiele und eine Auseinandersetzung über die Begriffe selem
und d^cmut im ägyptischen Kontext, 148ff.

Verantwortung übernehmen: die Menschen als Stellvertreter Gottes sind für die Geschöpfe zuständig wie Gott für die Schöpfung insgesamt.

Die Aufgabe der Menschheit

Die Menschen bekommen also eine Aufgabe. Wie in Gen 2, wo sie den Garten bebauen und bewahren sollen, ist auch in Gen 1 ein Auftrag für den Menschen gestellt: Arbeit und Aufgabe sind somit für beide biblische Schriftsteller in der guten Schöpfung begründet, und zwar für Mann und Frau in gleicher Weise. Die Arbeit selbst und die Verantwortung für die Schöpfung sind dem Menschen aufgetragen, und sie sind nicht etwas später Hinzugekommenes oder gar Negatives.

Die Aufgabe nach Gen 1 ist nun konkret zu beschreiben. Da im Abbild das Abgebildete selbst präsent ist, ist somit Gott im Menschen anwesend, *wenn* dieser in Verantwortung seinem Gott gegenüber die Schöpfung leitet wie ein Hirte seine Herde. Wichtig ist zu betonen, daß hier die Menschen nur über die übrige Schöpfung herrschen, also nicht über andere Menschen! Das Herrschen über Menschen - wie es auch die altorientalischen Könige tun - ist Gott allein vorbehalten. Der Verfasser von Gen 1 hat somit Vorstellungen, die er aus seiner Umwelt übernommen hat, in gezielter Weise verschoben: einmal ist das Herrschen über Menschen ausgeschlossen, weiter sind die Menschen klar als männlich und weiblich qualifiziert. Damit ist in dieser Aussage auch die Herrschaft des Mannes über die Frau ausgeschlossen! Daß dies bis heute nie explizit ausgesprochen wurde, ist mehr als erstaunlich. Eine genaue Analyse der Formulierung von Gen 1,26-28 ergibt nämlich genau dies: Mann und Frau beherrschen/leiten die übrige Schöpfung, und dies schließt überaus deutlich ein, daß sich keines der beiden Geschlechter die Herrschaft über das andere anmaßen darf. Damit sagt die Priesterschrift - wenn auch in ganz nüchterner und theologisch prägnanter Formulierung - das gleiche aus wie die bildhaften Erzählungen von Gen 2 und 3, die ihr sicherlich bekannt waren: wenn der Mann über die Frau herrscht und diese unter solcher Herrschaft und ihrer Bezogenheit auf den Mann zu leiden hat, dann ist dies *nicht* schöpfungsgemäß, dann ist dies eine Perversion der ursprünglichen Ordnung. Damit bestätigt die Aussage der Priesterschrift auch obige Auslegung von Gen 2 und 3, die von den meisten Exegeten heute geteilt werden dürfte. Während der Jahwist solche Herrschaft als Folge der Sünde ansieht, hat die Priesterschrift, die ja keine Sünden-Erzählung aufweist, diese Aussage in die poetisch-rhythmisch formulierten Schöpfungsaussagen von V. 26-28 hineingenommen.

Bei der Redeweise "der Mensch" oder "die Menschen" gerät häufig aus dem Blick, daß es sich immer um *beide* Geschlechter handelt, von denen hier die Rede ist. Ausdrücklich wird von der Priesterschrift *beiden* diese Leitungsfunktion übertragen, Mann und Frau. Die letzte Zeile des Mittelstücks ("männlich und weiblich erschuf er sie") ist nicht nur für den Fruchtbarkeitssegen notwendig. Hier ist freilich die Frau unverzichtbar, aber der Auftrag des Herrschens wird in V. 28, und zwar im Plural, wiederholt! Mann und Frau haben somit *gemeinsam* den Auftrag, die Welt verantwortlich zu leiten und sich zu vermehren, die (noch) leere Erde anzufüllen. Dies heißt aber auch - betrachtet man dies von der anderen Seite - , daß Mann und Frau nur dort als Repräsentanten, als Bild Gottes fungieren, wo sie gemeinsam die Verantwortung tragen. Dies ist nicht individuell gemeint, als könnten die Menschen nur noch paarweise ihren Kulturauftrag ausführen, sondern grundsätzlich. Wenn ein Geschlecht allein die Welt be*herr*scht, kommt es zu einer Perversion der gemeinten theologischen Aussage. Die allgemeine Redeweise vom *Herr*schaftsauftrag an den Menschen hat jedoch häufig praktisch nur für den Mann Wirkungen gezeigt.[249] Es ist somit an der Zeit, hier den weiblichen Anteil zu reklamieren!

Daß diese Deutung zutrifft, belegen die anderen Stellen, an denen die Priesterschrift in der Urgeschichte auf die Aussagen von der Gottebenbildlichkeit zurückkommt; es sind neben Gen 1,26ff nur zwei. Zuerst wird Gen 5 wiederholt, daß sie bei der Weiterfolge der Geschlechter auf die Nachkommen übergeht. Besonders interessant ist Gen 9,6, die Aussage nach der Sintflut, denn danach hat sich vieles geändert. Zwar wurde die Menschheit - außer Noach und seine Familie - vernichtet, aber die Gottebenbildlichkeit ging in dieser Katastrophe nicht etwa verloren. Nunmehr wird den Menschen auch zugestanden, Tiere zu essen. Ausdrücklich wird aber verboten, Menschenblut zu vergießen.

---

[249] Dies liegt vor allem an der einseitigen Interpretation des Begriffs *'adam*, wie sie um die Zeitenwende aufkam (s.o.S. 61ff). - Vgl. auch Elisabeth GÖSSMANN, Art. Anthropologie, in: WFT 16-22; Herlinde PISSAREK-HUDELIST (Hg.), Die Frau in der Sicht der Anthropologie und Theologie, Düsseldorf 1989.

"Wer Menschenblut vergießt, dessen Blut soll auch durch Menschen vergossen werden. Denn nach dem Bild (ṣelem) 'elohims hat er den Menschen ('adam) gemacht."

Da im Abgebildeten das Urbild präsent ist, greift man das Urbild an, wenn man das ṣelem, das Bild, angreift. Wer also den Menschen (hier dreimal 'adam), den Repräsentanten Gottes, angreift, greift Gott selbst an. Daß mit 'adam wieder beide, Mann und Frau, gemeint sind, ist nicht nur vom Begriff, sondern auch von der Sache her ganz klar, andernfalls wäre es erlaubt, Frauen zu töten - eine undenkbare Aussage. Dies unterstreicht die Deutung von Gen 1,26f, die verbietet, über Menschen zu herrschen, über Menschen zu verfügen. Die schlimmste, die anmaßendste Art, über Menschen zu verfügen, ist sicher die, sie zu töten. Die Gewalt über andere in der übelsten Form wird hier ausdrücklich untersagt mit Berufung auf die Aussage, die Menschen ('adam) seien Bild Gottes.

Wenn folgerichtig der Satz über die Gottbildlichkeit der Frau ausschließt, daß sich der Mann die Herrschaft über sie anmaßen darf - wie umgekehrt genauso, aber dies ist heute nicht das Problem - , dann müssen die anthropologischen und theologischen Konsequenzen einer so prägnanten Aussage, die zudem auf der ersten Seite der Bibel steht, neu bedacht werden.

Gerade an dieser Stelle sind die anthropologischen Aussagen zutiefst verknüpft mit den theologischen. Zu den anthropologischen Konsequenzen können die theologischen nur noch angedeutet werden: Wenn die Menschen grundsätzlich nur in ihrer Ausprägung als männlich und weiblich Bild Gottes sind, dann muß diese anthropologische Aussage auch Rückwirkungen auf das Gottesbild haben. Frau und Mann sind solche, die Göttliches spiegeln; so müssen sie auch im Göttlichen ein Urbild haben. Wenn Mann und Frau Göttliches repräsentieren und gemeinsam einen Kulturauftrag wahrnehmen, ist heute neu nach dem Rückbezug dieses weiblichen Anteils im Gottesbild zu fragen. Von Gen 1,26-28 her ist jedenfalls ausgeschlossen, den Gott des Alten Testaments als rein männlich zu betrachten. Da alles Reden von Gott unter das Bilderverbot fällt, so daß ein rein männlich gedachter Gott ein Götze wäre, genauso wie eine Göttin, daß alle Bilder nur vorläufig sind, ist theologisch klar. Aber bei aller Analogie ist doch ein außerordentlich großes Ungleichgewicht zugunsten einer männlichen Redeweise von Gott zu beobachten. Dies bewußt zu machen und vom feministischen Standpunkt aus zu korrigieren, ist ein wichtiges Anliegen der Stunde.[250]

Rückblick und Kritik

Bezüglich der Stellung der Frau bietet Gen 1 wesentlich weniger Konfliktstoff als Gen 2f. Doch ist dies nur ein oberflächlicher Eindruck. Zwar ist der Text von Gen 1 eindeutiger und offenkundiger, wo es um die Gleichwertigkeit von Mann und Frau geht, die gleichzeitig geschaffen werden, ebenso bei der Aussage der Gottebenbildlichkeit aller Menschen. Jedoch hat gerade in diesem letzten Punkt die Wirkungsgeschichte *theologisch* vielleicht noch tiefgreifendere Schäden angerichtet als Gen 2f. Alles, was beim Jahwisten über die patriarchalisch geprägte Gesellschaft und den androzentrischen Blickwinkel ausgeführt wurde, gilt auch für die Priesterschrift. Insofern braucht das oben Gesagte nicht wiederholt zu werden.

Trotzdem gibt es einige spezielle Fragen, die nur die Priesterschrift betreffen. Wie ist eine solche Aussage der Gottebenbildlichkeit von Mann und Frau in der Zeit des Exils einzuordnen? Wie kommt dieser Verfasser dazu, die Parallelität der Geschlechter so deutlich auszusprechen in einer Zeit, die sicher nicht "frauenfreundlicher" war als die israelitische Königszeit? Denn die priesterschriftliche Quelle denkt in den meisten Dingen streng hierarchisch; in den Kultordnungen kommt die Frau so gut wie nicht vor; bei den zahlreichen Reinheitsvorschriften wird sie sogar stark benachteiligt (vgl. z.B. Lev 12) und steht an untergeordneter, mindestens an zweiter Stelle. Auch die starke Betonung der Unreinheit der Frau bei

---

[250] Hierzu ist auf folgende Literatur zu verweisen: Renate LAUT, Weibliche Züge im Gottesbild israelitisch-jüdischer Religiosität, Köln 1983; Rosemary RADFORD RUETHER, Sexismus und die Rede von Gott. Schritte zu einer anderen Theologie, Gütersloh 1985; Helen SCHÜNGEL-STRAUMANN, Gott als Mutter in Hosea 11, in: ThQ 166 (1986) 119-134; Helen SCHÜNGEL-STRAUMANN, Denn Gott bin ich, und kein Mann, Mainz 1996; Marie-Theres WACKER (Hg.), Der Gott der Männer und die Frauen, Düsseldorf 1987; Phyllis TRIBLE, Gott und Sexualität im alten Testament, Gütersloh 1993.

zahlreichen Gelegenheiten wie Menstruation, Schwangerschaft und Geburt (wann war unter den damaligen Verhältnissen eine Frau eigentlich wirklich einmal "rein"?), auf die diese Quelle großen Wert legt, hat sicher Rückwirkungen auf die tatsächliche Lage von Frauen und ihr soziales Ansehen gehabt. Solche Auswirkungen sind noch aus neutestamentlichen Beispielen bekannt, wie beispielsweise die Geschichte von der Heilung der blutflüssigen Frau Mk 5,25ff par. zeigt. Gerade durch ihr oft starres Ordnungs- und Schematisierungsdenken - man lese einmal den ganzen Schöpfungsbericht unter diesem Aspekt - hat diese Quelle jedoch versucht, die Welt möglichst so, wie sie vorgefunden wird, in den Blick zu nehmen. Das ganze Wissen der Zeit über Gestirne, Pflanzen, Tiere und Menschen in ihrer Geordnetheit darzustellen, war ein Anliegen der Priesterschrift. Bei der genauen Beobachtung der Welt in ihrer vorgefundenen Gegliedertheit konnte diesen Männern nicht entgehen, wie sehr überall das Prinzip "männlich und weiblich" - ein typischer Ausdruck der Priesterschrift - maßgebend ist. Beim Gang in die Arche wird genau darauf geachtet, daß alle Tiere geordnet in "männlich und weiblich" die Arche betreten, weil nur so das Weitergehen des Lebens nach der Katastrophe garantiert werden kann. Die Abhängigkeit der ganzen Schöpfung und allen Lebens von dieser Zweigeschlechtlichkeit war den priesterschriftlichen Verfassern bewußt. Die Welt ist etwas Durchdachtes, Durchstrukturiertes und sehr symmetrisch aufgebaut.

Aus der genauen Beobachtung dieser Symmetrie auch im menschlichen Bereich konnte nicht ausbleiben, daß die Einsicht in das paarweise angeordnete Lebensprinzip in Gen 1 an prägnanter Stelle bei der Erschaffung des Menschen zum Zuge kommt.

Sogar wenn die theologische und soziologische Tragweite dieses Gedankens dem/den Verfasser(n) noch gar nicht bewußt gewesen sein sollte, weil die Priesterschrift an vielem, aber sicher nicht an der Befreiung der Frau interessiert war, haben die Aussagen über die Gottbildlichkeit von Mann und Frau im Kern den oben herausgestellten Sinn. Die Ansätze für ein konstruktives Weiterdenken sind gegeben, einfach weil sie sich aus der Beobachtung der Wirklichkeit selbst, so wie sie schon vor mehr als zweitausend Jahren betrachtet werden konnte, ergeben.

Auch wenn der/die Verfasser nicht die für die Frau theologisch bedeutsamen Aussagen beabsichtigt hätte(n), die wir heute diesem Text entnehmen, so liegt doch die obige Interpretation genau in der Linie ihres Ansatzes. Jeder biblische Text hat außer seiner wörtlichen

Aussage auch noch eine Tiefenstruktur, die u.U. erst in späterer Zeit richtig gewürdigt werden kann - warum sonst wären es Offenbarungstexte? So wird es für jede Epoche möglich, die Texte *neu* auszulegen und weitere Tiefendimensionen zu entdecken. Je nach der Fragestellung, mit der an einen Text herangetreten wird, ergeben sich unterschiedliche Antworten. Wer mit den brennenden Problemen der Ökologiedebatte an Gen 1 herantritt, wird anders gewichtete Erkenntnisse gewinnen als der, der nach der Stellung von Mann und Frau in der Schöpfung fragt.

Auf diese Weise konnten auch - wenn man die biblischen Texte mit der vorgefaßten Meinung von der Minderwertigkeit der Frau auslegte - aus dem Kontext gerissene Sätze so interpretiert werden, als würde die Zweitrangigkeit und Minderwertigkeit der Frau im Alten Testament vorausgesetzt bzw. bestätigt.

Es ist zum Schluß geboten, auf die grundsätzliche Frage nach der Wahrheit der Bibel einzugehen. Wo gibt es noch Sicherheit und Verbindlichkeit, wenn sogar neutestamentliche Schriftsteller, wie oben gezeigt, vorgegebene biblische Texte anders auslegen, als sie ursprünglich gemeint waren? Wenn männliche Exegeten die Texte so interpretieren, daß die Frauen in jenen Schranken gehalten werden, die traditionellerweise für sie, die Männer, günstiger und bequemer waren?[251] Die Aussagen beider Testamente, Altes und Neues Testament, sind ja Wort Gottes. Wie verhalten sie sich, wenn sie einander widersprechen?

Im Zusammenhang mit Gen 1-3 ist zunächst zu betonen, daß den Ursprungstexten Priorität zukommt. Was der biblische Verfasser damit ausdrücken will, ist zu erarbeiten, und wenn die Tradition durch eine lange Kette von Mißverständnissen und Fehlinterpretationen am Ende die ursprüngliche Aussageabsicht verstellt, muß deutlich diese ursprüngliche Aussage erhoben werden. Die neutestamentlichen Schriftsteller stehen dann nicht automatisch über den alttestamentlichen - dies hat gerade auch die Interpretation von Gen 1-3 im Neuen Testament gezeigt. Zuerst sind die einzelnen Texte möglichst präzise je für sich auszulegen. Danach sind sie kritisch zu gewichten. Das wird zwar meist getan, aber das Vorverständnis wird dabei nicht immer offengelegt. (Ein Satz aus dem Dekalog beansprucht ein größeres Gewicht als eine überholte

---

[251] Vgl. KÜCHLER (s. Anm. 56).

Reinheitsvorschrift aus einem kultisch-rituellen alttestamentlichen Gesetzestext.) - Bei solcher Wertbeziehung kann es vorkommen, daß ein alttestamentlicher Text ein größeres Gewicht beanspruchen muß als eine neutestamentliche Auslegung, die den Text dazu noch verkehrt.[252]

Grundsätzlich gilt, daß alle Interpreten, einschließlich der biblischen, auch der neutestamentlichen Schriftsteller, Kinder ihrer Zeit - und das heißt oft *Männer* ihrer Zeit - sind. Deswegen sind sie in gesellschaftlichen, kulturellen, sozialen und anderen Denkformen ihrer Zeit gefangen. Wenn also nachzuweisen ist, daß die Unterordnung der Frau oder ihr Ausschluß von bestimmten Funktionen auf ideologische Gründe bzw. auf einseitige Machtansprüche von Männern zurückgeht, die ihre eigene Stellung gegenüber Ansprüchen der Frauen in neutestamentlicher Zeit zu verteidigen suchten, dann sind sie zu relativieren bzw. abzulehnen. Solche Kriterien werden schon lange angewandt, wenn es um Fragen im Zusammenhang mit den modernen Naturwissenschaften geht. Daß die alt- und neutestamentlichen Verfasser ein anderes Weltbild hatten als wir heute, mit allen Konsequenzen auch für die inhaltlichen Aussagen, ist bekannt. Allerdings hat hier der Kampf lange gedauert, und es hat verlustreicher Auseinandersetzungen bedurft, bis die Bereiche gegeneinander abgegrenzt und die unterschiedlichen Aussageabsichten von Naturwissenschaft und theologischen Sätzen herausgearbeitet waren. Auch in anderen Fragen, z.B. der Sklaverei, die noch in neutestamentlichen Briefen fraglos vorausgesetzt wird, gab es ähnliche Auseinandersetzungen und Prozesse.

Wo es aber um *die Frau* geht, wird häufig nicht mit der gleichen Logik argumentiert. Darum ist besonders darauf zu achten, daß nicht um vordergründiger männlicher Interessen willen wichtige Impulse, die letztlich von biblischen Texten ausgegangen sind, in profanen Bewegungen mehr zur Geltung kommen als im kirchlichen Bereich. Es wäre in höchstem Maße bedauernswert, wenn man aus den Kämpfen zwischen moderner Naturwissenschaft und Exegese nicht wenigstens gelernt hätte, die *Zeitbezogenheit* so mancher Argumente ernster zu nehmen. Ich hoffe darum (immer noch), daß die Auseinan-

---

[252] Vgl. hierzu schon Herbert HAAG, Vom Eigenwert des Alten Testaments, in: ThQ 160 (1980), 2-16. Zu der ganzen Problematik und vor allem zum Gespräch zwischen biblischer und systematischer Theologie vgl. Manfred OEMING, Gesamtbiblische Theologien der Gegenwart. Das Verhältnis von AT und NT in der hermeneutischen Diskussion seit Gerhard VON RAD, Stuttgart [2]1987.

dersetzungen in der Frauenfrage nicht ebenso hart und verlustreich werden und auch nicht so lange dauern wie diejenigen mit der Naturwissenschaft. Biblisches Wort ist immer *Gotteswort* in Menschenwort, und dieses Menschenwort ist häufig *Männerwort* gewesen. Es nimmt teil an den Schwächen, Verfehlungen und Einseitigkeiten von Männern und ihren Interessen. Eine sachliche und engagierte Aufarbeitung solcher Einseitigkeiten ist dringend geboten, bevor es dafür zu spät ist.

Schlußbetrachtung: Urzeit - Endzeit

Erzählungen über eine Urzeit voll Glück, Frieden und Seligkeit sind gesamtmenschlich. Auch in anderen altorientalischen Kulturen - und nicht nur in ihnen - gibt es solche mythischen Erzählungen, die von einem üppigen Urzustand berichten, der nicht von Leid, Krieg und Entbehrung getrübt ist. So wurde denn auch oben gezeigt, daß der Begriff "Paradies" gar nicht aus der Bibel, sondern aus dem persischen Bereich stammt. Das Alte Testament spricht in diesem Zusammenhang von Eden, und zwar sowohl in Gen 2f als auch beim Propheten Ezechiel (Ez 28 und 31). *ᶜeden* wird zum Symbol "eines für den Menschen unerreichbaren Zustandes von Unschuld und Sorglosigkeit".[253]

Symmetrisch zum Anfang wird das Ende ausgemalt. Urzeit und Endzeit entsprechen sich, beide sind letztlich dem Menschen nicht zugänglich (der Baum des Lebens wird bewacht!). Wie das oben S. 76 angeführte Jesaja-Zitat belegt, wird der Friede zwischen den Tieren, wie er am Anfang vorgestellt war, auch für das eschatologische Ende erwartet. Die Entsprechung von Urzeit und Endzeit hat nun aber auf dem Hintergrund der Wirkungsgeschichte von Gen 2f einen Haken.

Vor allem die christliche Typologie von Adam - Christus, wie sie von Paulus entwickelt worden war, zeigt, wenn sie Adam und Christus als Personen faßt, eine rein männliche Prägung. Zwar ist die Symbolik gesamtmenschlich gemeint, aber auf dem Hintergrund der im ersten Teil geschilderten antiken griechischen Populärphilosophie ist der Mensch (ἄνθρωπος) im eigentlichen Sinne nur der Mann.

---

[253] KEDAR-KOPFSTEIN, Art. *ᶜeden*, in ThWAT V, 1093-1103, hier 1103.

Auch wo die Typologie sich in der christlichen Kunst bildlich darstellt - verwiesen sei exemplarisch auf die Steinfiguren von Adam und Christus an der Kathedrale von Chartres -, zeigt sie sich in *männlichen* Darstellungen.

Dies alles wirkt sich in der alten Kirche und Theologie gegen die Frauen aus. Es kommt zu Entwicklungen, die bis in das heutige theologische Denken hineinreichen und viele Frauen zunehmend der Kirche entfremden.

Weil das Männliche als das Maß des Anfangs gesehen wurde, wird es auch zum Maß für das Ende. Eine Rolle hat zusätzlich der Satz aus dem Epheserbrief vom "Vollalter des Maßes Christi" - in manchen Übersetzungen "von der Reife des Mannesalters Christi" - (Eph 4,13) gespielt. Obwohl auch dieser Satz gesamtmenschlich zu verstehen ist, wurde er einseitig männlich interpretiert. So kommt es, daß, wie im Urzustand, so auch im Eschaton (im Endzustand), das Maß des Menschen, des vollendeten Menschen, das Männliche ist. Ein "Himmel ohne Frauen" wird so in vielen Spekulationen und theologischen Entwürfen postuliert.[254] Ob die dahinterstehende Philosophie mehr platonisch oder mehr aristotelisch geprägt ist, oder ob es sich um Texte der Gnosis handelt - in den ersten Jahrhunderten findet sich durchgehend das Postulat von der Minderwertigkeit des Weiblichen und als Konsequenz die Forderung der "Männlichwerdung" aller Menschen im Eschaton. Der Frau wird nicht grundsätzlich abgesprochen, daß sie diesen seligen Endzustand erreichen kann - viele Märtyrerinnen haben ja bestätigt, daß sie genauso wie die Männer fähig waren, ihr Leben für ihren Glauben hinzugeben - , aber gerade diese Stärke und Tapferkeit wird als ihr "Männlichwerden" erklärt. Am leichtesten gelingt dies der virgo, der Jungfrau, deren Bezeichnung von *vir* = Mann abgeleitet wird. Diese Frau kann somit wie der Mann zu einem vir perfectus (vollkommener Mann) werden, wie es Eph 4,13 fordert.[255] Es wurde auch ernstlich die Frage diskutiert, ob die Frauen als Männer auferstehen müssen.[256]

---

[254] Vgl. dazu Elisabeth GÖSSMANN/Haruko OKANO, Himmel ohne Frauen? Zur Eschatologie des weiblichen Menschseins in östlicher und westlicher Religion, in: Elisabeth GÖSSMANN/Günter ZOBEL (Hg.), Das Gold im Wachs (FS für Thomas Immoos zum 70. Geb.), München 1988, 397-426.

[255] Vgl. dazu Kari VOGT, "Männlichwerden" - Aspekte einer urchristlichen Anthropologie, in: Conc. 21 (1985), 434-442; die Thematik wird besonders an Clemens von Alexandrien und Origenes dargestellt.

Grundsätzlich gilt: "Alle Frauen, die Gott gefallen, nehmen männlichen Rang ein."[257] Es geht also nicht in erster Linie um eine sexuelle Zuordnung, sondern eigentlich um eine *Rang*ordnung, wobei "männlich" über "weiblich" zu stehen kommt. Darum ist eine wahrhaft gläubige Frau auch nicht eine Schwester, sondern viel eher ein *Bruder*. Weil heutigen Frauen eine solche männerzentrierte Anthropologie nicht mehr einleuchtet, ist "Bruder" für sie keine Ehrenbezeichnung (mehr), sondern viele wehren sich mit Recht dagegen, in der Liturgie immer noch mit "Brüder" angesprochen zu werden.

Was hat dies alles mit der Frau am Anfang zu tun? Da die Endzeit die Urzeit notwendig spiegelbildlich darstellt, *muß*, wenn am Anfang das Geschöpf *Mensch* als Mann und Frau nach Gottes Bild geschaffen wurde, auch am Ende weiblich und männlich gleichrangig und gleichwertig nebeneinanderstehen. Es kann dann folglich nicht mehr ein "Himmel ohne Frauen" postuliert werden, wie ihn eine jahrhundertelange Verachtung alles Weiblichen sich vorstellte. Zwar wird heute keine ernsthafte Theologie mehr eine "Männlichwerdung" des weiblichen Teils der Menschheit verlangen - solche Postulate sind in der Theorie inzwischen überwunden. Aber die *Folgen* solchen jahrhundertelangen Denkens sind in mancherlei subtilen Unterscheidungen und Ableitungen noch greifbar; sie drücken sich an den verschiedensten Stellen darin aus, daß das Männliche dem Göttlichen näherstehe als das Weibliche und in der Symbolik als geeigneter betrachtet wird, Göttliches darzustellen.

Aus einer ein-seitigen, androzentrischen Sicht der Urzeit entwickelte sich eine ebensolche mangelhafte Utopie einer vollkommenen Endzeit. Da die Auslegung des Anfangs heute im Sinne einer Anthropologie der Gleichwertigkeit korrigiert werden muß, sind als Folge davon auch die Ableitungen über das Eschaton in entsprechender Weise zu korrigieren. Diese Korrekturen stehen weitgehend noch aus. Es ist aber ein Postulat der Stunde, solches Umdenken aufgrund einer ausgewogenen Anthropologie vorzunehmen.

---

[256] Augustinus lehnt allerdings diese Auffassung ab! Vgl. dazu GÖSSMANN/OKANO, a.a.O. 403f.

[257] Ein Beleg aus dem 5. Jh. (PG 28, 264A), zit. bei Kari VOGT, a.a.O. 439. Nur Maria bildet hiervon eine Ausnahme; nach dieser Anthropologie ist sie die einzige Frau im Himmel!

Im Anfang

Im Anfang schuf Gott den Himmel und die Erde.

Die Erde aber war Irrsal und Wirrsal.
Finsternis über Urwirbels Antlitz.
Braus Gottes schwingend über dem Antlitz der Wasser.

Gott sprach: Licht werde! Licht ward.
Gott sah das Licht: daß es gut ist.
Gott schied zwischen dem Licht und der Finsternis.
Gott rief dem Licht: Tag! und der Finsternis rief er: Nacht!
Abend ward und Morgen ward: Ein Tag.

Gott sprach:
Gewölb werde inmitten der Wasser
und sei Scheide von Wasser und Wasser!
Gott machte das Gewölb
und schied zwischen dem Wasser das unterhalb des Gewölbs
    war und dem Wasser das oberhalb des Gewölbs war.
Es ward so.
Dem Gewölb rief Gott: Himmel!
Abend ward und Morgen ward: zweiter Tag.

Gott sprach:
Das Wasser unterm Himmel staue sich an einen Ort,
und das Trockne lasse sich sehn!
Es ward so.
Dem Trocknen rief Gott: Erde! und der Stauung der Wasser
    rief er: Meere!
Gott sah, daß es gut ist.
Gott sprach:
Sprießen lasse die Erde Gesproß,
Kraut, das Samen samt, Fruchtbaum, der nach seiner Art
    Frucht macht darin sein Same ist, auf der Erde!
Es ward so.

Die Erde trieb Gesproß,
Kraut, das nach seiner Art Samen samt, Baum, der nach
    seiner Art Frucht macht darin sein Same ist.
Gott sah, daß es gut ist.

Abend ward und Morgen ward: dritter Tag.

Gott sprach:
Leuchten seien am Gewölb des Himmels, zwischen dem Tag
    und der Nacht zu scheiden,
daß sie werden zu Zeichen, so für Gezeiten so für Tage und Jahre,
und seien Leuchten am Gewölb des Himmels, über die Erde
    zu leuchten!
Es ward so.
Gott machte die zwei großen Leuchten,
die größre Leuchte zur Waltung des Tags und die kleinre
    Leuchte zur Waltung der Nacht,
und die Sterne.
Gott gab sie ans Gewölb des Himmels,
über die Erde zu leuchten, des Tags und der Nacht zu walten,
    zu scheiden zwischen dem Licht und der Finsternis.
Gott sah, daß es gut ist.
Abend ward und Morgen ward: vierter Tag.

Gott sprach:
Das Wasser wimmle, ein Wimmeln lebenden Wesens, und
    Vogelflug fliege über der Erde vorüber dem Antlitz des
    Himmelsgewölbs!
Gott schuf die großen Ungetüme
und alle lebenden regen Wesen, von denen das Wasser
    wimmelte, nach ihren Arten,
und allen befittichten Vogel nach seiner Art.
Gott sah, daß es gut ist.
Gott segnete sie, sprechend:
Fruchtet und mehrt euch und füllt das Wasser in den Meeren,
und der Vogel mehre sich auf Erden!
Abend ward und Morgen ward: fünfter Tag.

Gott sprach:
Die Erde treibe lebendes Wesen nach seiner Art,
Herdentier, Kriechgerege und das Wildlebende des Erdlands
    nach seiner Art!
Es ward so.
Gott machte das Wildlebende des Erdlands nach seiner Art
    und das Herdentier nach seiner Art und alles Gerege des
    Ackers nach seiner Art.

Gott sah, daß es gut ist.

Gott sprach:

Machen wir den Menschen in unserem Bild nach unserem
    Gleichnis!

Sie sollen schalten über das Fischvolk des Meeres, den Vogel
    des Himmels, das Getier, die Erde all, und alles Gerege,
    das auf Erden sich regt.

Gott schuf den Menschen in seinem Bilde,

im Bilde Gottes schuf er ihn,

männlich, weiblich schuf er sie.

Gott segnete sie,

Gott sprach zu ihnen:

Fruchtet und mehrt euch und füllet die Erde und bemächtigt
    euch ihrer!

schaltet über das Fischvolk des Meers, den Vogel des Himmels
    und alles Lebendige, das auf Erden sich regt!

Gott sprach:

Da gebe ich euch

alles samensäende Kraut, das auf dem Antlitz der Erde all ist,

und alljeden Baum, daran samensäende Baumfrucht ist,

euch sei es zum Essen,

und allem Lebendigen der Erde, allem Vogel des Himmels,

    allem was auf Erden sich regt, darin lebendes Wesen ist,

alles Grün des Krauts zum Essen.

Es ward so.

Gott sah alles, was er gemacht hatte,

und da, es war sehr gut.

Abend ward und Morgen ward: der sechste Tag.

Vollendet waren der Himmel und die Erde, und all ihre Schar.

Vollendet hatte Gott am siebenten Tag seine Arbeit, die er machte,

und feierte am siebenten Tag von all seiner Arbeit, die er machte.

Gott segnete den siebenten Tag und heiligte ihn,

denn an ihm feierte er von all seiner Arbeit, die machend Gott
    schuf.

Dies sind die Zeugungen des Himmels und der Erde: ihr
    Erschaffensein.

Am Tag, da ER, Gott, Erde und Himmel machte,

noch war aller Busch des Feldes nicht auf der Erde,

noch war alles Kraut des Feldes nicht aufgeschossen,
denn nicht hatte regnen lassen ER, Gott, über die Erde,
und Mensch, Adam, war keiner, den Acker, Adama, zu bedienen:
aus der Erde stieg da ein Dunst und netzte all das Antlitz des
    Ackers,
und ER, Gott, bildete den Menschen, Staub vom Acker,
er blies in seine Nasenlöcher Hauch des Lebens,
und der Mensch wurde zum lebenden Wesen.

ER, Gott, pflanzte einen Garten in Eden, Üppigland, ostwärts,
und legte darein den Menschen, den er gebildet hatte.
ER, Gott, ließ aus dem Acker allerlei Bäume schießen,
reizend zu sehn und gut zu essen,
und den Baum des Lebens mitten im Garten und den
    Baum der Erkenntnis von Gut und Böse.

Ein Strom aber fährt aus von Eden, den Garten zu netzen,
und trennt sich von dort und wird zu vier Flußköpfen.
Der Name des einen ist Pischon, der ists der alles Land
    Chawila umkreist, wo das Gold ist,
gut ist das Gold des Lands, dort ist das Edelharz und der
    Stein Karneol.
Der Name des zweiten Stroms ist Gichon, der ists der
    alles Land Kusch umkreist.
Der Name des dritten Stroms ist Chiddekel, der ists der
    im Osten von Assyrien hingeht.
Der vierte Strom, das ist der Euphrat.

ER, Gott, nahm den Menschen und setzte ihn in den Garten
    von Eden,
ihn zu bedienen und ihn zu hüten.
ER, Gott, gebot über den Menschen, sprechend:
Von allen Bäumen des Gartens magst essen du, essen,
aber vom Baum der Erkenntnis von Gut und Böse,
von dem sollst du nicht essen,
denn am Tag, da du von ihm issest, mußt sterben du, sterben.

ER, Gott sprach:
nicht gut ist, daß der Mensch allein sei,
ich will ihm eine Hilfe machen, ihm Gegenpart.
ER, Gott, bildete aus dem Acker alles Lebendige des Feldes und

allen Vogel des Himmels
und brachte sie zum Menschen, zu sehn wie er ihnen rufe,
und wie alles der Mensch einem rufe, als einem lebenden
  Wesen, das sei sein Name.
Der Mensch rief mit Namen allem Herdentier und dem Vogel
  des Himmels und allem Wildlebenden des Feldes.
Aber für einen Menschen erfand sich keine Hilfe, ihm Gegenpart.
ER senkte auf den Menschen Betäubung, daß er entschlief,
und nahm von seinen Rippen eine und schloß Fleisch an ihre Stelle.
ER, Gott, baute die Rippe, die er vom Menschen nahm,
  zu einem Weibe und brachte es zum Menschen.
Der Mensch sprach:
Diesmal ist sies!
Bein von meinem Gebein,
Fleisch von meinem Fleisch!
Die sei gerufen
Ischa, Weib,
denn von Isch, vom Mann, ist die genommen.
Darum läßt ein Mann seinen Vater und seine Mutter
  und haftet seinem Weibe an,
und sie werden zu Einem Fleisch.

Die beiden aber, der Mensch und sein Weib, waren nackt,
  und sie schämten sich nicht.

Die Schlange war listiger als alles Lebendige des Feldes, das ER,
  Gott gemacht hatte.
Sie sprach zum Weib:
Ob schon Gott sprach: Eßt nicht von allen Bäumen des Gartens ...!
Das Weib sprach zur Schlange:
Von der Frucht der Bäume im Garten mögen wir essen,
aber von der Frucht des Baums, der mitten im Garten ist,
hat Gott gesprochen:
Eßt nicht davon und rührt nicht daran, sonst müßt ihr sterben.
Die Schlange sprach zum Weib:
Sterben, sterben werdet ihr nicht,
sondern Gott ists bekannt,
daß am Tag, da ihr davon esset, eure Augen sich klären
und ihr werdet wie Gott, erkennend Gut und Böse.

Das Weib sah,
daß der Baum gut war zum Essen
und daß er eine Wollust den Augen war
und anreizend der Baum, zu begreifen.
Sie nahm von seiner Frucht und aß
und gab auch ihrem Mann bei ihr, und er aß.
Die Augen klärten sich ihnen beiden,
und sie erkannten, -
daß sie nackt waren.
Sie flochten Feigenlaub und machten sich Schurze.

Sie hörten SEINEN Schall, Gottes, der sich beim Tageswind
    im Garten erging.
Es versteckte sich der Mensch und sein Weib vor SEINEM,
    Gottes, Antlitz mitten unter den Bäumen des Gartens.
ER, Gott, rief den Menschen an und sprach zu ihm:
Wo bist du?
Er sprach:
Deinen Schall habe ich im Garten gehört und fürchtete mich,
    weil ich nackt bin,
und ich verstecke mich.
ER sprach:
Wer hat dir gemeldet, daß du nackt bist?
hast du vom Baum, von dem nicht zu essen ich dir gebot, gegessen?
Der Mensch sprach:
Das Weib, das du mir gegeben hast, sie gab mir von dem Baum,
    und ich aß.
ER, Gott, sprach zum Weib:
Was hast du da getan!
Das Weib sprach:
Die Schlange verlockte mich, und ich aß.
ER, Gott, sprach zur Schlange:
Weil du das getan hast,
sei verflucht vor allem Getier und vor allem Lebendigen des Feldes,
auf deinem Bauch sollst du gehn und Staub sollst du fressen
    alle Tage deines Lebens,
Feindschaft stelle ich zwischen dich und das Weib, zwischen
    deinen Samen und ihren Samen,
er stößt dich auf das Haupt, du stößest ihm in die Ferse.
Zum Weibe sprach er:
Mehren, mehren will ich deine Beschwernis, deine

Schwangerschaft,
in Beschwer sollst du Kinder gebären.
Nach deinem Mann sei deine Begier, er aber walte dir ob.
Zu Adam sprach er:
Weil du auf die Stimme deines Weibes gehört hast
und von dem Baum gegessen hast, den ich dir verbot,
    sprechend: Iß nicht davon!,
sei verflucht der Acker um deinetwillen,
in Beschwer sollst du von ihm essen alle Tage deines Lebens.
Dorn und Stechstrauch läßt er dir schießen,
so iß denn das Kraut des Feldes!
Im Schweiß deines Antlitzes magst du Brot essen,
bis du zum Acker kehrst,
denn aus ihm bist du genommen.
Denn Staub bist du und zum Staub wirst du kehren.

Der Mensch rief den Namen seines Weibes: Chawwa, Leben!
Denn sie wurde Mutter alles Lebendigen.

ER, Gott, machte Adam und seinem Weibe Röcke aus Fell
    und kleidete sie.

ER, Gott, sprach:
Da,
der Mensch ist geworden wie unser einer im Erkennen
    von Gut und Böse.
Und nun
könnte er gar seine Hand ausschicken
und auch vom Baum des Lebens nehmen und essen
und in Weltzeit leben!
So schickte ER,Gott, ihn aus dem Garten von Eden, den
    Acker zu bedienen, daraus er genommen war.

Er vertrieb den Menschen
und ließ vor dem Garten von Eden ostwärts die Cheruben wohnen
und das Lodern des kreisenden Schwerts,
den Weg zum Baum des Lebens zu hüten.

*aus: Die fünf Bücher der Weisung, verdeutscht von Martin Buber
und Franz Rosenzweig, Heidelberg, Verlag Lambert Schneider, 11.
durchgesehene Auflage der neubearb. Ausgabe 1954, 1987.*

BAUER, Dieter R./GÖSSMANN, Elisabeth (Hg.), Eva - Verführerin oder Gottes Meisterwerk? Philosophie- und theologiegeschichtliche Frauenforschung (Hohenheimer Protokolle 21), Stuttgart 1987.

BØRRESEN, Kari Elisabeth (Hg.), Image of God and Gender Models in Judaeo-Christian Tradition, Oslo 1991.

CRÜSEMANN, Frank/THYEN, Hartwig (Hg.), Als Mann und Frau geschaffen. Exegetische Studien zur Rolle der Frau, Gelnhausen/Berlin 1978.

DAY, Peggy L. (Hg.), Gender and Difference in Ancient Israel, Minneapolis 1989.

DOHMEN, Christoph, Schöpfung und Tod. Die Entfaltung theologischer und anthropologischer Konzeptionen in Gen 2/3 (SBB 17), Stuttgart 1988.

DREWERMANN, Eugen, Strukturen des Bösen I: Die jahwistische Urgeschichte in exegetischer Sicht, Paderborn 1988.

DREYFUS, Isaak, Adam und Eva nach Auffassung des Midrasch, Diss. Straßburg 1894.

GERSTENBERGER, Erhard S., Jahwe - ein patriarchaler Gott? Traditionelles Gottesbild und feministische Theologie, Stuttgart 1988.

GÖSSMANN, Elisabeth, Archiv für philosophie- und theologiegeschichtliche Frauenforschung, München 1984ff.

GÖSSMANN, Elisabeth, MOLTMANN-WENDEL, Elisabeth, PISSAREK-HUDELIST, Herlinde, PRAETORIUS, Ina, SCHOTT-ROFF, Luise, SCHÜNGEL-STRAUMANN, Helen (Hg.), Wörterbuch der Feministischen Theologie (WFT), Gütersloh 1991.

GUNKEL, Hermann, Genesis, Göttingen 1917, [9]1977.

HAYTER, Mary, The New Eve in Christ. The Use and Abuse of the Bible in the Debate about Women in the Church, Grand Rapids, Mich. 1987.

HEINE, Susanne, Frauen der frühen Christenheit: Zur historischen Kritik einer feministischen Theologie, Göttingen 1986, [2]1987.
HEISTER, Maria-Sybilla, Frauen in der biblischen Glaubensgeschichte, Göttingen 1984.

HERMSEN, Edmund, Lebensbaumsymbolik im alten Ägypten (Arbeitsmaterialien zur Religionsgeschichte 5), Köln 1981.

KASSEL, Maria (Hg.), Feministische Theologie - Perspektiven zur Orientierung, Stuttgart 1988.

KÜCHLER, Max, Schweigen, Schmuck und Schleier. Drei neutestamentliche Vorschriften zur Verdrängung der Frauen auf dem Hintergrund einer frauenfeindlichen Exegese des Alten Testaments im antiken Judentum (NTOA 1), Fribourg/Göttingen 1986.

KÜMMEL, Werner Georg (Hg.), Jüdische Schriften aus hellenistisch-römischer Zeit (JSHRZ), Gütersloh 1980ff.

LAUT, Renate, Weibliche Züge im Gottesbild israelitisch-jüdischer Religiosität, Köln 1983.

LEISCH-KIESL, Monika, Eva als Andere. Eine exemplarische Untersuchung zu Frühchristentum und Mittelalter, Köln 1992.

LÜTHI, Kurt, Gottes neue Eva. Wandlungen des Weiblichen, Stuttgart 1978.

METZGER, Martin, Die Paradieserzählung. Die Geschichte ihrer Auslegung von J. Clericus bis W.M.L. De Wette, Bonn 1959.

MEYERS, Carol, Discovering Eve. Ancient Israelite Women in Context, New York/Oxford 1988.

MOLTMANN-WENDEL, Elisabeth (Hg.), Frauenbefreiung. Biblische und theologische Argumente, München [3]1982.

MOLTMANN-WENDEL, Elisabeth (Hg.), Weiblichkeit in der Theologie. Verdrängung und Wiederkehr, Gütersloh 1988.

OCKINGA, Boyo, Die Gottebenbildlichkeit im Alten Ägypten und im Alten Testament, Wiesbaden 1984.

PAGELS, Elaine, Adam, Eva und die Schlange. Die Theologie der Sünde, Reinbek bei Hamburg 1991.

PISSAREK-HUDELIST, Herlinde, Die Frau in der Sicht der Anthropologie und Theologie, Düsseldorf 1989.

RADFORD RUETHER, Rosemary, Sexismus und die Rede von Gott. Schritte zu einer anderen Theologie, Gütersloh 1985.

SCHNEIDER, Theodor (Hg.), Mann und Frau - Grundproblem theologischer Anthropologie, (QD 121), Freiburg 1989.

SCHOTTROFF, Luise, Lydias ungeduldige Schwestern. Feministische Sozialgeschichte des frühen Christentums, Gütersloh 1994.

SCHOTTROFF, Willy/STEGEMANN, Wolfgang (Hg.), Traditionen der Befreiung, Bd. 2: Frauen in der Bibel, München 1980.

SCHROER, Silvia, In Israel gab es Bilder (OBO 74), Fribourg/Göttingen 1987.

SCHÜNGEL-STRAUMANN, Helen, Denn Gott bin ich, und kein Mann. Gottesbilder im Ersten Testament - feministisch betrachtet, Mainz 1996, [2]1996.

SCHÜSSLER FIORENZA, Elisabeth, Zu ihrem Gedächtnis. Eine feministisch-theologische Rekonstruktion der christlichen Ursprünge, Mainz 1988.

SCHÜSSLER FIORENZA, Elisabeth, Brot statt Steine. Die Herausforderung einer feministischen Interpretation der Bibel, Fribourg 1988.

STAIMER, Edeltraut, Bilder vom Anfang. Einführung in die biblischen Schöpfungserzählungen von Gen 1 - 3, München 1981.

STRAHM, Doris, Aufbruch zu neuen Räumen. Einführung in feministische Theologie, Fribourg 1987.

TRIBLE, Phyllis, Gott und Sexualität im Alten Testament, Gütersloh 1993.

WACKER, Marie-Theres, Theologie feministisch. Disziplinen, Schwerpunkte, Richtungen, Düsseldorf 1988.

WESTERMANN, Claus, Genesis 1 - 11 (BK AT I/1), Neukirchen 1974, [3]1983.

WINTER, Urs, Frau und Göttin. Exegetische und ikonographische Studien zum weiblichen Gottesbild im Alten Israel und in dessen Umwelt (OBO 53), Fribourg/Göttingen 1983, [2]1987.

WOLFF, Hans Walter, Anthropologie des Alten Testaments, München [4]1984.

ZENGER, Erich, Gottes Bogen in den Wolken. Untersuchungen zu Komposition und Theologie der priesterschriftlichen Urgeschichte (SBS 112), Stuttgart 1983, [2]1987.

Exegese in unserer Zeit
Kontextuelle Bibelinterpretationen
aus lateinamerikanischer und feministischer Sicht
herausgegeben von Wanda Deifelt (São Leopoldo / Brasilien),
Irmtraud Fischer (Bonn / Deutschland),
Erhard S. Gerstenberger (Marburg / Deutschland)
und Milton Schwantes (São Bernardo do Campo / Brasilien)

Erhard S. Gerstenberger; Ulrich Schoenborn (Hrsg.)
Hermeneutik – sozialgeschichtlich
Kontextualität in den Bibelwissenschaften aus der Sicht (latein)amerikanischer und europäischer Exegetinnen und Exegeten
Hermeneutik heißt: Bewußtmachung des Standortes und der Bedingungen, unter denen Texte entstehen und überliefert werden. In diesem Band exuz 1 zeigen 17 Exegetinnen und Exegeten aus fünf Ländern, wie sie **Texte** einschätzen, welche produktiven **Orte** sie für die antike wie für die exegetische moderne Textentstehung ausmachen, welche kultur-spezifischen **Wege** im Prozeß der Textwerdung und Textinterpretation zu gehen sind und welche verborgenen **Gründe** (auch Abgründe!) die Exegese beeinflussen. Den Leserinnen und Lesern bleibt es überlassen, sich in das ökumenische Gespräch über die Bibelauslegung einzumischen.
Bd. 1, 1999, 264 S., 39,80 DM, br., ISBN 3-8258-3139-6

Michael Fricke
Bibelauslegung in Nicaragua
Jorge Pixley im Spannungsfeld von Befreiungstheologie, historisch-kritischer Exegese und baptistischer Tradition
Jorge Pixley – Befreiungstheologe, Baptist und Bibelwissenschaftler. Diese Mischung paßt nicht in die gängigen Vorstellungen über lateinamerikanische Befreiungstheologie. Wie dennoch in der Person Pixleys die drei Felder Protestantismus, Befreiungstheologie und historisch-kritische Exegese fruchtbar miteinander verbunden werden, zeigt die vorliegende Studie. Sie folgt dabei zwei Fragen: wie legt Pixley die Bibel in seinem Kontext (Nicaragua) aus? und: wie "kommt" er bei den Leuten "an", für die er schreibt? Die Ergebnisse dieser Studie nötigen die Wissenschaft des Alten und Neuen Testaments in der "Ersten Welt" zu einer kritischen Selbstprüfung.
Bd. 2, 1997, 378 S., 49,80 DM, br., ISBN 3-8258-3140-x

Rainer Kessler; Kerstin Ulrich; Milton Schwantes; Gary Stansell (Hrsg.)
"Ihr Völker alle, klatscht in die Hände!"
Festschrift für Erhard S. Gerstenberger zum 65. Geburtstag
Zu seinem 65. Geburtstag grüßen Freundinnen und Freunde, Schülerinnen und Schüler, Weggefährtinnen und Weggefährten den Marburger Alttestamentler Erhard S. Gerstenberger mit dieser Festschrift. Die Beiträge stammen von Frauen und von Männern, von Doktorandinnen und von etablierten Professorinnen und Professoren, sie kommen aus den USA und aus Lateinamerika sowie aus dem deutschsprachigen Raum. In ihrer Breite spiegeln sie sowohl den Lebensweg als auch das besondere Engagement des Jubilars wider. Erhard Gerstenberger ist kein Freund monolithischer Einheitstheologien. Zeitlebens sucht er die Vielfalt der Ansätze und die Verschiedenheit der Positionen. Daß dies keine Position der Positionslosigkeit ist, sondern leidenschaftlicher Einsatz dafür, daß alle zu Wort kommen und nicht nur die etablierten weißen Männer der nördlichen Erdhalbkugel, demonstrieren die Beiträge der Festschrift. In Anknüpfung und Widerspruch ergeben sie einen bunten und schmackhaften "Korb von Früchten", wie ihn der Jubilar liebt. Leserinnen und Leser sind eingeladen, einzelne der Früchte zu genießen, aber auch an der Fülle des Korbes zu erleben, in welcher Offenheit und Weite Theologie möglich ist, wenn sie es denn wagt, über die engen Grenzen des akademischen Betriebes hinauszugehen.
Bd. 3, 1997, 428 S., 68,80 DM, br., ISBN 3-8258-2937-5

Erhard S. Gerstenberger
Frauenrollen – Männerrollen
Gender-studies im Alten Testament
Bd. 4, Frühjahr 2000, 240 S., 39,80 DM, br., ISBN 3-8258-3142-6

Wanda Deifelt
Feministische Theologie in den USA und in Lateinamerika
Bd. 5, Frühjahr 2000, 200 S., 39,80 DM, br., ISBN 3-8258-3143-4

LIT Verlag Münster – Hamburg – London
Bestellungen über:
Grevener Str. 179 48159 Münster
Tel.: 0251 – 23 50 91 – Fax: 0251 – 23 19 72
e-Mail: lit@lit-verlag.de – http://www.lit-verlag.de
Preise: unverbindliche Preisempfehlung

Altes Testament und Moderne
herausgegeben von
Hans-Peter Müller (Münster),
Michael Welker (Heidelberg)
und Erich Zenger (Münster)

Hans-Peter Müller
Glauben, Denken und Hoffen
Alttestamentliche Botschaften in den Auseinandersetzungen unserer Zeit
In Band 1 wird eine Reihe von Aufsätzen, die der Verfasser in den letzten zehn Jahren veröffentlicht hat, wieder vorgelegt; neu hinzu kommt ein Aufsatz zu einem bekannten Gedicht Paul Celans. Die Arbeiten wollen exegetische und systematische Einsichten zu Themen wie "Schöpfung und Kultur", "Theologie und Religionswissenschaft", "Verkündigung und Wahrheitsfrage" mit Problemen des modernen Denkens vermitteln. Eine genaue philologisch-historische Textanalyse muß, wenn sie für die Probleme unserer Zeit belangreich sein soll, in traditionelle und gegenwärtige philosophische Horizonte vorstoßen und dabei auch naturwissenschaftliche Fragen und Einsichten berücksichtigen.
Bd. 1, 1998, 336 S., 59,80 DM, br., ISBN 3-8258-3331-3

Sigrid Brandt
Opfer als Gedächtnis
Zu einer befreienden theologischen Rede von Opfer
Bd. 2, Frühjahr 2000, 464 S., 79,80 DM, br.,
ISBN 3-8258-4068-9

Bernd Brauer
Das Bild der Unheilsprophetie Israels in der frühen soziologisch orientierten Forschung
"Seit den siebziger Jahren des 20. Jahrhunderts werden zur Analyse der in den Prophetenbüchern des Alten Testaments beschriebenen sogenannten Unheilspropheten verstärkt sozialwissenschaftliche Arbeiten herangezogen. Sie basieren aber zu einem nicht geringen Teil immer noch maßgeblich auf Ergebnissen und Erkenntnissen der frühen soziologisch orientierten Forschung, insbesondere auf Max Weber. Ob damit möglicherweise auch deren inhaltlichen und methodischen Defizite übernommen werden, ist aber kaum reflektiert. Deshalb wird diese weithin unbekannt gebliebene Forschung unter Beachtung ihrer zeitgeschichtlichen und biographischen Rahmenbedingungen herausgearbeitet und einer wissenssoziologisch orientierten Problematisierung unterzogen."
Bd. 3, 1999, 400 S., 59,80 DM, br., ISBN 3-8258-3330-5

Stefan Ark Nitsche
David gegen Goliath
Die Geschichte der Geschichten einer Geschichte. Zur fächerübergreifenden Rezeption einer biblischen Story
Herausgefordert durch den Akzeptanzverlust der wissenschaftlichen Exegese außerhalb des Fachdiskurses erarbeitet der Autor an Hand der Rezeptionsgeschichte einer biblischen Erzählung hermeneutische Rahmenbedingungen für ein Gespräch aller Bibelleserinnen und -leser. Dazu wird die Rezeption der Story von David und Goliath in der theologischen und politischen Literatur, in der darstellenden Kunst und der Medienlandschaft an ausgewählten Beispielen (z.B.: der Widerstand der Makkabäer, die Florentiner Renaissance, die Münchner Anti-Atom-Bewegung) untersucht. Die vorangestellte rezeptionsästhetische Analyse zeigt, daß der Text gerade in seiner Komplexität und Unbestimmtheit die Möglichkeit eröffnet, sich in die Story einzuschreiben, bzw. ihre Relevanz für die eigene Situation zu entdecken. Die abschließende Thesenreihe befaßt sich systematisch-theologisch mit den Rahmenbedingungen für einen Diskurs aller Bibelleser und -leserinnen und sieht dabei die Exegese in der Rolle einer Anwältin, die nicht für die Eindeutigkeit biblischer Texte eintritt, sondern für ihre unaufgebbaren Differenzen und ihre Offenheit.
Bd. 4, 1998, 368 S., 69,80 DM, br., ISBN 3-8258-3093-4

Petra Ritter-Müller
Kennst du die Welt? – Gottes Antwort an Ijob
Eine sprachwissenschaftliche und exegetische Studie zur ersten Gottesrede Ijob 38 und 39
Bd. 5, Frühjahr 2000, 296 S., 69,80 DM, br.,
ISBN 3-8258-4268-1

Claus Westermann
Der Mensch im Alten Testament
herausgegeben von Hans-Peter Müller
Bd. 6, Frühjahr 2000, 104 S., 29,80 DM, br.,
ISBN 3-8258-4587-7

LIT Verlag Münster – Hamburg – London
Bestellungen über:
Grevener Str. 179 48159 Münster
Tel.: 0251 – 23 50 91 – Fax: 0251 – 23 19 72
e-Mail: lit@lit-verlag.de – http://www.lit-verlag.de
Preise: unverbindliche Preisempfehlung